1781

Thomas Fink
und Yong Mao

Die 85 Methoden eine Krawatte zu binden

Aus dem Englischen von
Thorsten Schmidt

Hoffmann und Campe

Die Originalausgabe erschien 1999 unter dem Titel
»The 85 Ways to Tie a Tie« bei Fourth Estate, London
Übersetzung der wissenschaftlichen Studie »Schlipsknoten und Gitterwanderungen« im Anhang und fachliche Beratung: Markus Pössel,
Max-Planck-Institut für Gravitationsphysik/Albert-Einstein-Institut,
Golm bei Potsdam

Die Deutsche Bibliothek – CIP-Einheitsaufnahme
Fink, Thomas
Die 85 Methoden eine Krawatte zu binden/
Thomas Fink; Yong Mao
Aus dem Englischen von Thorsten Schmidt
– 1. Aufl. – Hamburg: Hoffmann und Campe, 2000
Einheitssacht.: The 85 Ways to tie a Tie <dt.>
ISBN 3-455-11290-0

Layout: Robert Updegraff
Schutzumschlaggestaltung: Ralf Schneider
unter Verwendung einer Illustration von Peter Garland
Satz und Lithographie: Utesch GmbH, Hamburg
Druck und Bindung: Clausen & Bosse, Leck
Printed in Germany

Inhalt

Dank

Wir möchten folgenden Personen für die anregenden Gespräche und wertvollen Hinweise danken: James Alexander, John Casey, Mike Cates, Clare Devlin, Robert Farr, Jonathan Harrison, Elizabeth Howard, Luke Howard, Andrew Mott, Barbara Ravelhofer, Ben Schott, Marzena Szymanska, Christian Waite, Mark Warner und Alex Wilson.

Wir danken auch unserem Lektor Clive Priddle, dem Designer Robert Updegraff und dem Fotografen Ben Schott, ohne deren Arbeit aus unserem Manuskript nie ein Buch geworden wäre.

Ein herzliches Dankeschön auch Gieves & Hawkes, Tie Rack und Austin Reed, die uns großzügig Krawatten zur Verfügung stellten, ebenso T. M. Lewin, der uns mit Hemden und Krawatten versorgte.

Vorwort

»Niemand, der in höheren Kreisen zu verkehren pflegt, wird auch nur die leisesten Zweifel an den Vorteilen hegen, die aus stilvollem Auftreten erwachsen. Daher wird es unumgänglich, die Mittel, durch die ein solches Ansehen zu erlangen ist, klar und deutlich darzulegen. Das aufmerksame Lesen der folgenden Seiten wird dem gewünschten Erfolg zuträglich sein.« So lauten die einleitenden Worte von H. Le Blancs Buch *Die Kunst, das Halstuch zu binden* (*The Art of Tying the Cravat*) aus dem Jahr 1828. Dieses Werk erschien in ganz Europa und in Amerika in elf Auflagen. Auf ein mit Bedacht gebundenes Halstuch wurde also offenkundig schon lange vor der Einführung der modernen Krawatte großen Wert gelegt.

In der zweiten Hälfte des neunzehnten Jahrhunderts verdrängte der so genannte Langbinder das Halstuch, und der älteste Krawattenknoten, der »Four-in-hand«, wurde um 1850 zusammen mit dem Langbinder selbst in England erfunden. Dem Herzog von Windsor wird nachgesagt, er habe die Welt mit dem später nach ihm benannten Windsor-Knoten beglückt, aus dem sich dann der Halbe Windsor entwickelt haben soll. In jüngster Vergangenheit, genauer gesagt 1989, wurde der Pratt, der erste neue Knoten seit fünfzig Jahren, weltweit in Anzeigen und Zeitschriftenartikeln vorgestellt.

Die Entdeckung eines neuen Krawattenknotens ist also offenbar ein seltenes Ereignis. Wir erfuhren 1997 von der Existenz des Pratt und vermuteten sogleich, dass es weitere Knotentypen geben müsse. Statt nochmals fünfzig Jahre auf die nächste Kreation zu warten, beschlossen wir, uns dem Problem methodisch zuzuwenden.

Wenn, wie Le Blanc behauptet hat, das Binden eines Halstuches eine Kunst ist, dann ist das Schlingen eines Knotens eine Wissenschaft. Wir erkannten, dass Krawattenknoten hartnäckig die Richtung wechselnden »Zufallswanderungen« (*random walks*) auf einem Dreiecksgitter entsprechen. (Auf die Idee kamen wir vermutlich, weil wir uns als theoretische Physiker täglich mit solchen Dingen befassen müssen.) Einige Wochen später hatten wir sämtliche 85 Knoten hergeleitet, die sich mit einem herkömmlichen Schlips binden lassen. Nun wendeten wir ästhetische Kriterien, formuliert als mathematische Randbedingungen, auf unser Ergebnis an und ermittelten so neben den genannten vier gebräuchlichen neun weitere schöne Knoten.

Obgleich wir in diesem Buch sämtliche 85 Knoten vorführen, dient es keineswegs nur der Anleitung. Und es beschreibt auch nicht die Krawatte als solche, etwa hinsichtlich Farbe, Musterung und Form. Vielmehr befasst es sich mit der Frage, wie ein Stück Tuch von bestimmter Länge um den Hals gebunden wird, und dazu gehörte in den letzten dreihundert Jahren immer ein Knoten. Die einfarbigen Halstücher, die um 1815 in Mode kamen, inspirierten zu einer Vielfalt von Arrangements, die zum Ausdruck brachten, was zuvor kostbaren Stoffen vorbehalten war. Auswahl und Ausführung des Knotens waren seither von entscheidender Bedeutung für ein »stilvolles Auftreten«.

Auf den Vorsatzblättern des Buches ist ein Foto der Fellows und Studenten des Cavendish Laboratory of Physics abgedruckt, an dem die Autoren heute arbeiten. Der Langbinder hatte sich damals bereits allgemein durchgesetzt und seine Zeitgenossen wie Frackschleife und Plastron in den Schatten gestellt. Als Krawattenknoten war der »Four-in-hand« üblich. J. J. Thomson und Ernest Rutherford, die ihre Krawatten zu Stehkragen trugen, waren die Entdecker des Elektrons und des Atomkerns. Der junge Robert Oppenheimer (Zweiter von rechts, zweite Reihe) war später maßgeblich an der Entwicklung der ersten Atombombe im Rahmen des so genannten Manhattan-Projekts beteiligt.

Siebzig Jahre später tragen stilbewusste Männer rund um den Globus Krawatten. Die Krawattenseide reflektiert das Licht, im Kontrast zum dunklen Tuch des Anzugs. Sie war, ist und bleibt das i-Tüpfelchen der Herrenkleidung. Die Auswahl eines geeigneten Knotens, der unverkennbaren persönlichen Note, war nie so leicht wie gerade jetzt.

Thomas Fink
Gonville and Caius College

Yong Mao
St. John's College

Cambridge, Juli 1999

Eins

Eine kurze Geschichte der Krawattenknoten

Ebenso wenig wie die Briten können irgendwelche anderen Nationen für sich in Anspruch nehmen, die moderne Krawatte erfunden zu haben. Wir müssen nicht ihren Ursprung zurückverfolgen bis zum Satin- oder Samtband, welches das Jabot fest schnürte, über die lose geschlungene Halsbinde, benannt nach der Schlacht von Steenkerque (3. August 1692), über Lord Guilfords Batist, Beau Brummells Schals, den blassblauen Satin des Comte d' Orsay bis hin zum gedeckten Schwarz eines Monsieur Casaubon und der ganzen Gründerzeitoberschicht. Das Halstuch verschwand mit dem Gehrock und dem Frack. Und die Krawatte, wie wir sie kennen, setzte sich zusammen mit dem Anzug durch.

Sir Hardy Amies
The Englishman's Suit

Altertum

Hinweise auf die ältesten uns bekannten Halsbinden finden sich in der Grabanlage des ersten chinesischen Kaisers, Shi Huangdi (221–206 v. Chr.). Ein kunstvoll angelegtes unterirdisches Mausoleum, das zu diesem Komplex gehört, wird von einem Heer aus 7500 Terrakottasoldaten bevölkert, die alle geknotete Tücher um den Hals tragen. Die Entdeckung dieser Figuren im Jahr 1974 bei Xi'an war unter anderem deshalb bemerkenswert, weil unter den zahllosen späteren chinesischen Gemälden und Skulpturen bis ins siebzehnte Jahrhundert hinein, als der Einfluss des europäischen Stils sichtbar wurde, keine einzige Darstellung eines Halstuches entdeckt worden ist.

Lange Zeit waren Historiker der Meinung gewesen, als Erste hätten römische Legionäre Halstücher getragen. Auf der marmornen Trajanssäule, die im Jahr 113 unserer Zeitrechnung unter Kaiser Trajan in Rom errichtet wurde, sind etwa 2500 in Stein geschnittene Figuren zu sehen, von denen viele mit Halstüchern geschmückt sind, unter anderem auch mit Krawatten, die offenbar zu Schleifen und frühen Spielarten des »Four-in-hand« gebunden wurden, der 1700 Jahre später zum Standardknoten für Langbinder werden sollte. Wie das unter einem Pseudonym erschienene Buch *Die Kunst, das Halstuch zu binden* (1828) erläutert, schützten die Menschen der Antike den Hals »mit einem Tuch aus Wolle oder Seide, das in Rom *focalium* genannt wurde – offenkundig eine Ableitung von *fauces* (Hals) – vor Kälte«. Doch heißt es dann weiter, der Römer habe es als unziemlich empfunden, den Hals zu bedecken, es sei denn »mit der Hand oder hin und wieder durch Umwickeln mit der Toga«. Tatsächlich berichtet Horaz, Halstücher hätten als Zeichen von Verweichlichung und Krankheit gegolten.

Chinesische Soldaten trugen die ersten historisch überlieferten Halsbinden, wie sie diese Terrakottastatue zeigt.

Vielleicht erklärt dies, weshalb römische Bürger nur selten Halstücher trugen und sich deren Gebrauch auf Soldaten beschränkte, die auf Feldzügen rauen Wetterbedingungen ausgesetzt waren.

Die Menschen der Antike trugen in der Regel keinen Halsschmuck aus Stoff, und diese Nüchternheit hielt sich bis ins fünfzehnte Jahrhundert. Dann allerdings rückte der Hals unversehens ins Zentrum des Modebewusstseins. In England entwickelte sich in der ersten Hälfte des sechzehnten Jahrhunderts aus dem schlichten Hemdkragen, der mit einer Schnur gebunden wurde, die kleine Hemdkrause, die sich schließlich zur Halskrause mauserte. Die Halskrausen wurden immer größer und üppiger, doch nach der Niederlage der Royalisten im englischen Bürgerkrieg 1648 verloren sie jäh zusammen mit ihrem königlichen Schutzherrn Karl I.

Kopf und Kragen. Erst nach der Wiederherstellung der Monarchie im Jahr 1660 kam es zu einer Halsbindenrenaissance.

Kroaten in Krawatten

Gemeinhin nimmt man an, dass der unmittelbare Vorläufer des modernen Langbinders im Dreißigjährigen Krieg (1618–1648) erfunden wurde. Bei seinem Feldzug gegen das Habsburger-Reich hatte der französische König Ludwig XIII. ein kroatisches Kavallerieregiment in seine Dienste genommen. Diese Söldner trugen gebundene Halstücher, und die französischen Soldaten, die an ihrer Seite kämpften, ahmten diese neue Mode schon bald nach. Die »cravate«, wie sie

Karl II. und die »cravate«, die er nach der Restauration der Stuarts aus Frankreich nach England mitbrachte.

genannt wurde, war dekorativ und praktisch zugleich. Anders als die damals gebräuchlichen Halskrausen, die ständig gewaschen, gestärkt und gebügelt werden mussten, erforderten die neuen »cravates« nur wenig Pflege und schränkten die Bewegungsfreiheit des Halses nicht ein.

Die Soldaten brachten die Mode bei ihrer Rückkehr mit nach Frankreich, wo Stutzer und Mitglieder des Hofes sie übernahmen. Nach der Wiederherstellung der englischen Monarchie kehrte Karl II. nach England zurück, um seinen Anspruch auf den Thron geltend zu machen, nachdem er neun Jahre lang am Hof des französischen Königs Ludwig XIV. im Exil gelebt hatte. Er brachte die »cravate« mit, die binnen zehn Jahren in England und den amerikanischen Kolonien zu einem weithin beliebten Halsschmuck wurde.

Etymologen behaupten, das Wort »Krawatte« leite sich von »Kroate« her, doch vieles spricht gegen diesen Ursprung: Das Wort war bereits im Frankreich des vierzehnten und im Italien des sechzehnten Jahrhunderts gebräuchlich. So verwendete der französische Schriftsteller Eustache Deschamps (um 1340–1407) in einer Ballade den Ausdruck *faites restraindre sa cravate* (»zieht seine Krawatte enger«). Doch wenn auch die Herkunft des Wortes nicht eindeutig geklärt ist, so besteht doch kaum ein Zweifel daran, dass sich die moderne Krawatte aus dem Halstuch der Söldner entwickelt hat.

Diese frühen Krawatten bestanden aus einem schmalen langen Tuch, gewirkt aus Spitzen, Musselin oder Kambrik, der an beiden Enden mit Spitzen besetzt war. Sie wurden ein- oder zweimal um den Hals gewickelt und auf der Vorderseite so verknotet oder befestigt, dass beide Enden frei herunterhingen. In dem Buch *Academy of Armoury and Blazon* (1688) beschrieb Randle Holme sie als »nichts anderes als ein langes Tuch, das um den Kragen gelegt und auf der Vorderseite zu einem Kreuzknoten geschlungen wird«. Der Kreuzknoten war in der Tat einer von mehreren Knoten, die zum Binden von Halstüchern verwendet wurden; daneben war es auch üblich, das Tuch mit einem Schleifenknoten in Form zu bringen oder durch ein Band zusammenzuhalten. »Diese Prozedur lässt sich leicht beschreiben, aber nicht leicht ausführen; eine gewisse Geschicklichkeit war erforderlich, um ein befriedigendes Ergebnis zu erzielen«, schreibt François Chaille in *The Book of Ties*. Dass dieses Arrangement so vertrackt war, liegt nicht an einem komplizierten Knoten; bei genauerer Betrachtung zeigt sich, dass der Schleifenknoten ein so genannter Halber Schlag war, der nicht schwerer zu binden ist als die heute gebräuchliche Standardform des »Four-in-hand«.

Ende des siebzehnten Jahrhunderts hatte sich das Halstuch in ganz Europa und den amerikanischen Kolonien als ein notwendiges Accessoire fest etabliert. Chaille behauptet, die deutliche Zunahme im Gebrauch von Halstüchern sei möglicherweise zum Teil auf eine allgemeine klimatische Abkühlung zwischen 1645 und 1715 zurückzuführen. Diese »Kleine Eiszeit« soll durch einen starken Rückgang der Sonnenaktivität, das nach dem Astrophysiker Edward Maunder benannte »Maunder-Minimum«, ausgelöst worden sein. In Anbetracht der in der Antike üblichen Verwendung der Halsbinde als Gebrauchskleidungsstück klingt diese Erklärung durchaus plausibel.

Eine neue, ungewöhnliche Technik des Krawattenbindens, die angeblich auf die Schlacht von Steenkerque in Flandern 1692 zurückgeht, setzte sich um 1700 in vielen Ländern Europas durch. Der »Steenkerque« (deutsch »Steinkerk«), wie er später genannt wurde, bestand aus einem langen, schalähnlichen Tuch, dessen Enden mit Fransen oder Spitzen besetzt waren. Man band ihn zu einem lockeren Knoten, schlang seine Enden umeinander und zog eines durch ein Knopfloch auf der linken Seite der Jacke. Dieser Stil erfreute sich schon bald großer Beliebtheit: »Ich hoffe, Euer Lordschaft findet Gefallen an Eurem Steinkerk«, heißt es in der Komödie *Der Rückfall* von Sir John Vanbrugh (1697). »Bin geradezu darin vernarrt, durchdringt er doch mein Innerstes!«, lautet die Antwort. Der Steinkerk blieb in Europa bis in die 1720er Jahre in Mode, und in Amerika bewahrte er sogar fast das ganze achtzehnte Jahrhundert hindurch seine Popularität.

Die Stocks

Eine deutlich weniger extravagante Alternative, der Stock, wurde, wie das Halstuch, zu Beginn des achtzehnten Jahrhunderts als Teil der Uniform von Fußsoldaten in Frankreich

Wilhelm von Oranien mit einem Steinkerk, um 1692

Der französische Diplomat de Vergennes mit weißem Stock und Jabot.

und Deutschland eingeführt und dann zunächst von jungen Männern übernommen, die ihre tatsächliche oder vorgebliche Verbundenheit mit dem Militär zur Schau stellen wollten. Der Stock erfreute sich bald großer Beliebtheit und blieb fünfundsiebzig Jahre lang bis zum Ende des achtzehnten Jahrhunderts in Mode.

Schwarzer Solitaire in einer Szene (Detail) aus William Hogarths Stichfolge »Das Leben eines Wüstlings«.

Ursprünglich handelte es sich um ein längliches weißes Musselintuch, das zu einem schmalen Band gefaltet, ein- oder zweimal um den Hals gewickelt und im Genick mit einer Nadel befestigt wurde. In dem Maße, wie seine Beliebtheit zunahm, wurde das Tuch ausgeschmückt und durch eine Einlage aus Fischbein, Pappe oder Leder versteift, die mit schwarzem oder weißem Stoff überzogen und hoch am Hals getragen wurde. Da die Stocks, anders als die Krawatten, keine losen Enden hatten und nicht über die Vorderseite des Hemdes fielen, wurden sie manchmal zusammen mit einem Jabot getragen, einer weißen Spitzenrüsche, die vorn am Stock befestigt wurde. Besonders elegant war der »Solitaire«, bei dem das schwarze Tuch, mit dem man das Haar zurückband, wieder nach vorn geführt und zu einer Schleife geknotet wurde, was mit dem darunter getragenen weißen Stock reizvoll kontrastierte.

Anders als die ihm vorausgehenden Spielarten des Halstuchs war der Stock leicht zu handhaben. Er wurde einfach um den Hals geschlungen und im Nacken befestigt, sodass er nur wenige Handgriffe und keine Pflege erforderte. Dies ging jedoch leider auf Kosten des Tragekomforts. »Man hat die Erfindungsgabe wahren Torturen unterzogen, um eine größtmögliche Fülle unterschiedlicher Varianten zu kreieren; und da man allein das Aussehen im Auge hatte, wurde er im Lauf der Zeit immer unbequemer; durch eine Einlage aus Holz hat er sich in einen eisenharten Kragen verwandelt«, heißt es in *Die Kunst, das Halstuch zu binden*.

Als der englische Prinzregent im Jahre 1820 als Georg IV. den Thron bestieg, ließ seine Vorliebe für einen Stock aus schwarzem Samt mit Satinschleife das Interesse an der Halsbinde, das seit langem seinen Zenit überschritten zu haben schien, neu erwachen. Der weiße Stock »kam durch Geo. IV. in den vornehmen Kreisen völlig außer Gebrauch … und der schwarze wurde zur allgemeinen Mode. Wilhelm IV. versuchte den weißen Stock zu neuem Leben zu erwecken, doch war ihm nur wenig Erfolg beschieden«, hieß es 1838 im *Gentleman's Magazine of Fashion*. Der schwarze Stock, der sich bis in die 1850er Jahre großer Beliebtheit erfreute, hatte wenig Ähnlichkeit mit dem hohen weißen Kragen, der ihm vorausgegangen war. Als *comme il faut* galt es, ihn zweimal um den Hals zu wickeln und die beiden Enden vorn zu einem Kreuzknoten zu binden.

Macaronis und Incroyables

In den 1760er Jahren übernahmen vor allem in England viele junge Männer aus höheren Gesellschaftsschichten, inspiriert vom besonders in Italien entwickelten »Mignon«-Stil, eine extravagante und bizarre Mode. Die Macaronis, wie sie schon bald genannt wurden, schwelgten in großen gepuderten Perücken, üppigen Stickereien, Edelsteinen und nicht zuletzt weißen Halstüchern, die zu riesigen Schleifen gebunden wurden. »Eine solche Erscheinung, in eine Wolke aus Essenzen und Parfüms gehüllt, mit einer enormen Spitzenrüsche, die unter ihrem Kinn hervorragt, gibt dem gemeinen Passanten das Rätsel auf, welchem Geschlecht die Kreatur wohl zuzuordnen sei«, entrüstete sich das *Town and Country Magazine* im Jahr 1772.

Dieser überladene Stil gelangte nicht in die amerikanischen Kolonien. Obgleich Neuerungen in der amerikanischen Mode gemeinhin dem Beispiel Europas und vor allem Englands folgten, setzte die Macaroni-Mode doch derart verzögert und geschwächt ein, dass wenig von dem Prunk übrig blieb. Die puritanischen Gründerväter der Vereinigten Staaten hegten keinerlei Sympathie für kunstvolle Kleidung und schon gar nicht für jene barocken Verzierungen, wie sie die Macaronis kultivierten. Die Nüchternheit des Kleidungsstils kam in dem verächtlichen Lied »Yankee Doodle Dandy« zum Ausdruck, das ein britischer Soldat während des Unabhängigkeitskrieges schrieb und das die Amerikaner treuherzig übernahmen:

Yankee Doodle zog zur Stadt,
er ritt auf einem Pony.
Steckte Federn an den Hut
und nannt' das Macaroni!

In den 1770er Jahren holte die Anglomanie Frankreich ein, und die Männer waren bestrebt, sich *à l'anglaise* zu kleiden, obwohl die beiden Länder seit zwanzig Jahren Krieg miteinander führten. Der überladene Stil der Macaronis wurde in Frankreich von den »Incroyables«, den »Unglaublichen«, zelebriert. Auch hier lag die Provokation im Übermaß, das sich diesmal in überbetonten Schultern, breiten Aufschlägen und besonders langen Halsbinden niederschlug. Für die exzentrischen Halstücher waren mehrere Meter Stoff erforderlich, da sie bis zu zehn Mal um den Hals gewickelt wurden.

Beeinflusst von der Mode Italiens, schwelgten die Macaronis in extravaganter Kleidung mit überbordenden Schleifen.

Die Schleife war nicht wesentlich, doch das Halstuch »nahm eine schier unglaubliche Länge an«, wie Le Blanc 1828 berichtet. Es verwundert nicht, dass die Incroyables »gezwungen waren, starr geradeaus zu blicken, da sie den Kopf nur im Einvernehmen mit allen Gliedern zu drehen vermochten«.

Die unglaublichen Incroyables: breite Aufschläge und, dazu passend, ellenlange Halstücher.

Nicht zuletzt dank der Mode der Macaronis erlebten die Halstücher in den 1780er Jahren eine Renaissance, wenngleich sich die neuen Kreationen erheblich von den früheren kunstvoll gefertigten und mit Spitzen verzierten Fabrikaten unterschieden. Jetzt waren große quadratische Tücher aus Musselin beziehungsweise Leinen en vogue, die man entlang der Diagonalen zu Bändern faltete. Sie wurden gewöhnlich zu einfachen Knoten oder Schleifen gebunden, die allerdings maßvoller proportioniert waren als die Macaroni-Schleife. Es fällt auf, dass die feinen Spitzen, die die älteren Halstücher schmückten, allmählich verschwanden; was einst durch kostbares Tuch zum Ausdruck gebracht worden war, musste jetzt zunehmend durch ästhetisches Arrangement signalisiert werden.

Von George

Der Beginn des neunzehnten Jahrhunderts markierte zugleich das Aufkommen einer neuen Kleidermode. Entgegen einer weit verbreiteten Auffassung lehnte das Dandytum den pompösen, ausgetüftelten Stil der Macaronis und der Incroyables entschieden ab; anders als ihre Vorgänger strebten die Dandys danach, nicht durch Extravaganz, sondern durch Einfachheit zur modischen Vollkommenheit zu gelangen. Tatsächlich »war [das Dandytum], was immer es sonst noch gewesen sein mag, in erster Linie die *Ablehnung* von gezierter Kleidung«, schreibt James Laver in seinem Buch *Dandies* (1968).

Ein englischer Dandy im Jahr 1838 beim Binden der perfekten Krawatte.

Der Inbegriff des Dandys war George Bryan Brummell (1778–1840). Beau Brummell, wie er genannt wurde, war weder wohlhabend noch von vornehmer Herkunft und schon gar nicht Aristokrat. Dennoch gelang es ihm, sich mit Willenskraft, Klugheit und tadelloser Kleidung zur Spitze der englischen Gesellschaft emporzuarbeiten. Zum ersten Mal in der Geschichte hing der gesellschaftliche Ruf eines Mannes nicht einfach

George Bryan »Beau« Brummell war der Wegbereiter der Schlichtheit in der Männermode.

nur davon ab, *was* man trug, sondern auch davon, *wie* man es trug. »Brummell erkannte intuitiv, dass die Tage der Aristokratie gezählt waren und dass die Zeit der vornehmen Selbstdarstellung angebrochen war«, schreibt Laver.

Er wandte gewiss täglich Stunden für seine Toilette auf, und doch war es sein Ziel, möglichst unauffällig zu wirken. »Wenn sich der gemeine Engländer nach dir umdreht, ist deine Erscheinung nicht perfekt, sondern entweder zu steif, zu knapp oder zu modisch«, erklärte Brummell.

Brummells Kleidung bestand gewöhnlich aus einem eng anliegenden blauen Frack, einer lederfarbenen Weste mit passenden Pantalons, die in glänzend schwarzen Schaftstiefeln steckten, und einer makellosen Krawatte, die leicht gestärkt war, um besser die gewünschte Form zu bewahren – »nicht mehr und nicht weniger. Die Kleidungsstücke sollten dunkel, körperbetont, aber nicht beengend, streng einfarbig und unzweifelhaft maskulin sein«, schreibt Sarah Gibbings in ihrem Buch *The Tie*. Diesem Ideal sollte eine nachhaltige Wirkung beschieden sein; Brummells Art, sich zu kleiden, hat bis heute die Grundzüge der Männermode in Europa und Amerika geprägt. »Der bestgekleidete Mann ist derjenige, der am wenigsten Aufmerksamkeit erregt«, verkündete Douglas Fairbanks jr. hundert Jahre später.

Als Brummell im weiteren Verlauf seines Lebens dem finanziellen Ruin verfiel und sich nach Frankreich absetzen musste, war die auffällige Unauffälligkeit zur allgemein anerkannten Norm für die männliche Kleidung geworden. Ein Gentleman sollte sich hinsichtlich seiner Kleidung bewusste Zurückhaltung auferlegen, lautete die Regel. Nur mittels seiner Krawatte, die gewöhnlich weiß und immer einfarbig war, konnte er seine Individualität zum Ausdruck bringen. Alles hing vom Knoten ab. Die entscheidende Rolle, die dem Arrangement der Krawatte zukam, war ein- für allemal etabliert.

Krawattenmanie

Als Folge des Dandytums jener Zeit näherten sich die Krawatten dem Gipfel ihrer Beliebtheit. In dem Maße, wie die Männerkleidung dezenter wurde, entwickelte sich der »Sitz der Krawatte« immer mehr zu seiner Art persönlichem Empfehlungsschreiben. Schon bald entstanden zahllose Techniken, um ein an sich unscheinbares Stück Stoff durch kunstvolles Binden zur Geltung zu bringen.

Mehrere Bücher wurden veröffentlicht, die eigens dem Zweck dienten, die Männer mit den immer kniffligeren Bindeprozeduren vertraut zu machen. *Neckclothitania; or Tietania*, eines der ersten (1818), behandelt eingehend zwölf weit verbreitete Methoden. Der anonyme Autor wollte »eine klare und deutliche Trennungslinie zwischen *l'homme comme il faut* [dem wahren Gentleman] und *la canaille* [dem Schuft] ziehen«, indem er dem angehenden Gentleman die Mittel an die Hand gab, ein solcher zu werden – zumindest was seine Krawatte betraf.

1827 erschien in Paris das Buch *L'Art de se mettre la cravate*, dessen Verfasser sich Baron Emile de l'Empesé (wörtlich übersetzt »Baron der Gestärkte«) nannte. Im selben Jahr veröffentlichte ein italienischer Verlag ein ähnliches Werk, geschrieben vom »Conte della Salda«, dem »Grafen Stärke«, und ein Jahr später folgte *The Art of Tying the Cravat* von H. Le Blanc (»H. der Weiße«). Da es vom Verleger Honoré de Balzacs herausgebracht wurde, vermuteten viele, der junge Literat sei der Autor des internationalen Verkaufsschlagers gewesen. Heute nimmt man an, dass das Buch von Émile-Marc de Saint-Hilaire geschrieben wurde, allerdings soll Balzac in der Tat das Vorwort verfasst haben. Das Buch erschien jedenfalls in elf Ausgaben und war in ganz Europa äußerst erfolgreich.

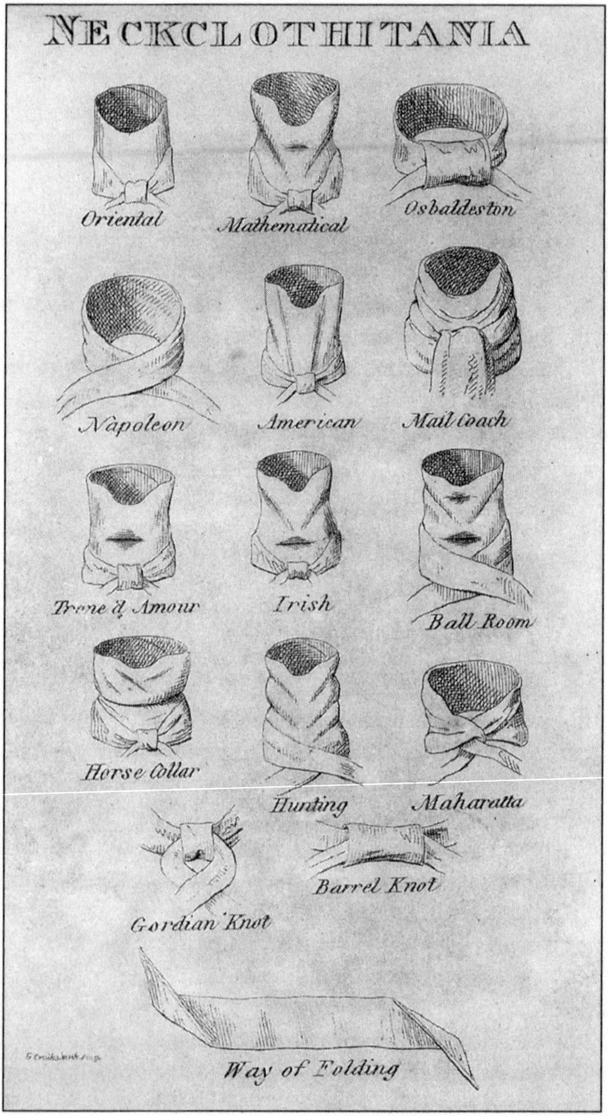
NECKCLOTHITANIA
Oriental
Mathematical
Osbaldeston
Napoleon
American
Mail Coach
Trone d'Amour
Irish
Ball Room
Horse Collar
Hunting
Maharatta
Gordian Knot
Barrel Knot
Way of Folding

Es beschrieb zweiunddreißig verschiedene Techniken des Krawattenbindens, darunter solche wie die *Cravate à l'Américaine*, *Cravate à l'Orientale* und *Cravate à la Byron*. Es war umfassender als *Necklothitania* und hatte einen ironischen Unterton, der die dringend Rat suchenden Leser möglicherweise verwirrte. Die *Cravate mathématique*, heißt es dort zum Beispiel, erfordere »die Übereinkunft von Symmetrie und Regelmäßigkeit – ihr Stil ist würdevoll und streng, und eine auch noch so winzige Falte ist verboten. Die Enden sollten geometrisch korrekt sein und müssen jeder Prüfung, selbst der mit einem Kompass, standhalten.« Der Name *Cravate sentimentale*, so wurde gewarnt, »genüge schon als Hinweis, dass sie nicht allen Gesichtern gleichermaßen ansteht«, und der Autor versicherte: »Wenn Ihre Physiognomie keine Gefühle von Liebe und Leidenschaft hervorruft und Sie dennoch die *Cravate sentimentale* tragen, dann werden Sie verdientermaßen zu einer Zielscheibe für die Pfeile des Spotts, die Sie von allen Seiten treffen werden.«

Die Krawattenmanie erreichte ihren Höhepunkt mit der Veröffentlichung von *L'Art de la toilette* im Jahr 1830, in dem zweiundsiebzig verschiedene Krawattenknoten ausführlich beschrieben wurden. Die zunehmende Zahl von Knoten, die in dieser und den älteren Abhandlungen dargestellt wurden, täuschte jedoch. Denn die verschiedenen Bindetechniken waren durchgehend Variationen des Überhand-, Rechteck- und Kreuzknotens. Den Einzelheiten der Anordnung wurde oftmals ebenso viel Aufmerksamkeit gewidmet wie den Knoten selbst.

Vom Beau zum Bow

Der vorherrschende Modestil um die Mitte des neunzehnten Jahrhunderts verpflichtete den Gentleman in zunehmendem Maße auf hochgeknöpfte Jacketts, die keinen Platz mehr für die großen, üppig verknoteten Krawatten boten. Zudem »stellten mehr und mehr Männer, die Krawatten tragen mussten, fest, dass sie es sich im Unterschied zu den Dandys und den Gefolgsleuten des Baron de l'Empesé nicht leisten konnten, jeden Morgen viel Zeit mit dem Binden zu verbringen. Angehörige der neuen Arbeiterschaft brauchten Halstücher, die leicht zu binden, bequem und so robust waren, dass sie einen anstrengenden Arbeitstag überstanden«, erklärt Chaille. »Auch die Männer der begüterten Schicht, die ein aktiveres Leben zu führen begannen, spürten das Bedürfnis nach einer leichter zu handhabenden Krawatte, die weder die Bewegungsfreiheit einschränkte noch sich unversehens löste.«

Dies führte schließlich zu mehreren neuen Krawattenformen, die sich jeweils in einer anderen Richtung aus dem Halstuch entwickelten. Gegen Ende des neunzehnten Jahrhunderts erreichte die Vielfalt ihren Höhepunkt, auch wenn man drei Grundformen unterscheiden konnte: den Bow-tie (Frackschleife), den Ascot und den Four-in-hand beziehungsweise Langbinder.

Die älteste Form der Schleife wurde zum Binden der frühen Spitzenhalstücher im siebzehnten Jahrhundert verwendet, und sie blieb während der nächsten dreihundert Jahre mehr oder minder in Mode. In dem Maße, wie die Beliebtheit der modernen Frackschleife zunahm, verringerte sich ihre Größe, und Ende des neunzehnten Jahrhunderts waren zwei bekannte Varianten allgemein verbreitet: der Papillon oder Butterfly (Schmetterlingsschleife) und der Batswing (Fledermausschleife). Beide sind bis heute gebräuchlich, wenngleich der Butterfly geläufiger ist. Heute wird eine Schleife aus schwarzer (auf keinen Fall farbiger!) Seide zu einem Smoking getragen und eine steife weiße Schleife zu einem Frack. »Dies und der steife Eckenkragen sind die direkten Nachfahren von Beau Brummells gestärkten Halsbindern. Wenn es schon ihm schwer fiel, diese zu binden, wie sollte dann erst die aufstre-

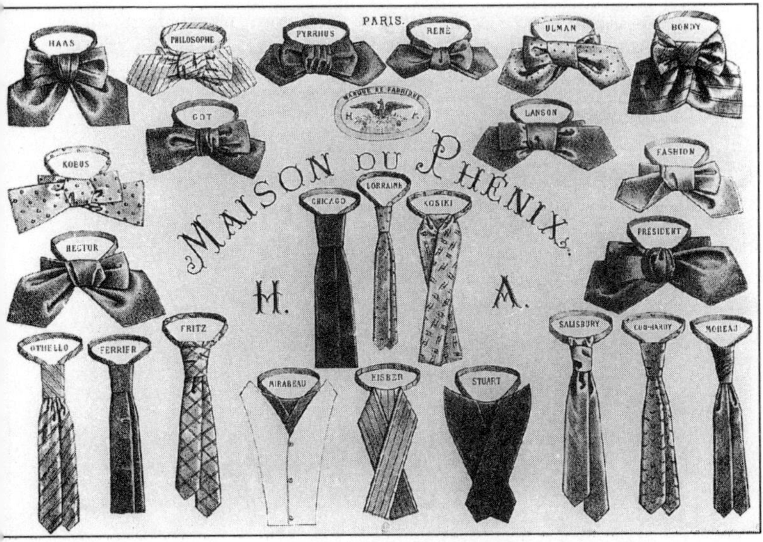

Maison du Phénix: ein französischer Katalog aus dem Jahr 1863 zeigt die Entwicklung der Krawatte.

bende Mittelschicht damit zurechtkommen? … Ich kann es Männern nicht verdenken, dass sie Fertigkrawatten kaufen, auch wenn es eine Sünde ist, sie zu tragen«, schreibt Hardy Amies in *The Englishman's Suit*.

Die Geschichte des Ascot reicht zwar nicht so weit zurück wie die der Frackschleife, ist aber nicht minder eindrucksvoll. Er ist weitgehend identisch mit der Gordischen Krawatte des frühen neunzehnten Jahrhunderts, allerdings waren seine Flügel breiter und der Halsbund schmaler. Beide wurden zu einem Rechteck- oder Gordischen Knoten (nach dem die Krawatte benannt ist) gebunden, wobei die freien Enden übereinander gelegt wurden, bevor man sie mit einer Nadel befestigte. Der Ascot wurde in den 1880er Jahren populär, als ihn Angehörige der oberen Mittelschicht zum Gehrock und beim Royal-Ascot-Pferderennen trugen, nach dem diese Halsbinde benannt worden ist. In England ist er bei Hochzeiten und bei dem jährlichen Pferderennen noch immer sehr beliebt.

Der Langbinder

Niemand weiß genau, wann oder von wem der Langbinder erstmals getragen wurde. Jedenfalls kam er Mitte des neunzehnten Jahrhunderts als sportliche Halsbinde in Mode und erfreute sich bald großer Beliebtheit. Innerhalb weniger Jahre war der neue Stil weit verbreitet.

Obgleich sich ihre grundlegenden Merkmale nicht geändert haben, wiesen die Langbinder des ausgehenden neunzehnten Jahrhunderts keine große Ähnlichkeit mit den heute

»Eine gut gebundene Krawatte ist der erste ernste Schritt im Leben« – Oscar Wilde, 1891.

Die Hockeymannschaft XI des Newnham College, 1897.

gebräuchlichen auf. Sie bestanden aus einfachen rechteckigen Stoffstreifen, die wegen ihres geraden Schnitts und der bei manchen Varianten üblichen Säume aus rauem Stoff recht unelastisch waren und zuerst gefaltet werden mussten, bevor man sie zu lockeren Knoten band. Die Enden hingen nicht über das Brustbein herab, da sie nur bis zum Ansatz der damals zum Standard gehörenden Westen reichen mussten.

Der erste Knoten, zu dem diese neue Krawatte gebunden wurde, der Four-in-hand, kam mit ihr selbst auf und war mit ihr so untrennbar verbunden, dass der Begriff im Englischen beides bezeichnete, das Tuch und seinen Knoten. Heute wird es, da es konkurrenzlos dasteht, nur noch »Langbinder« oder »Krawatte« oder auch »Schlips« genannt, und »Four-in-hand« bezeichnet einen von mehreren Knoten.

In den ersten Jahren des zwanzigsten Jahrhunderts wurde der Krawattenknoten von der aufstrebenden Fertigkrawattenindustrie bedroht. Damals wie heute war das Tragen einer

Fertigkrawatte ein Akt modischer Barbarei. »Selbstverständlich trägt kein Gentleman eine vorgefertigte Krawatte … Ich halte es für die Pflicht eines jeden Vaters, dies seinem Sohn klar zu machen, wenn er von der Schule abgeht«, mahnt ein im Jahr 1900 erschienener Leitfaden für den modebewussten Herrn, dessen Autor sich als »Major« bezeichnet. »Der junge Mann, der immer versucht, eine Krawatte aufzutreiben, die aus demselben Stoff besteht und dieselbe Farbe hat wie *ihr* Kleid, macht sich nicht so lächerlich wie der Grünschnabel, der in ein Geschäft geht und sich mit einem Vorrat an vorgefertigten Krawatten eindeckt.« Glücklicherweise sind Fertigkrawatten heute ebenso selten wie die zusammengenähte Schleife.

Die rasch zunehmende Beliebtheit des Langbinders lässt sich teilweise auf den Niedergang des steifen Stehkragens und den Siegeszug des weichen, umgelegten Kragens gegen Ende des neunzehnten Jahrhunderts zurückführen. Während Frackschleifen und Ascots am besten zu Stehkragen passten, war die kleine Öffnung des umgelegten Kragens wie maßgeschneidert für den Four-in-hand-Knoten. Auf den Vorsatzblättern dieses Buches sind Lehrkörper und Studenten des Cavendish-Labors in Cambridge (im Jahr 1926) abgebildet. Langbinder und Four-in-hand-Knoten sind zahlreich vertreten und umgelegte Kragen eindeutig in der Überzahl. Nur die Professoren J. J. Thomson und Ernest Rutherford tragen ihren Four-in-hand zu Stehkragen.

Trotz der Beliebtheit des Langbinders war es weder leicht noch praktisch, das sperrige Stoffstück zu einem ansprechenden Knoten zu schlingen. Abgesehen davon, dass es nur eine begrenzte Zahl von Bindetechniken zuließ, löste es sich oft, »und die Schleife rutschte auf der Vorderseite des Hemdes bis zum Brustbein hinab«. Schon um 1900 gab es eine enorme Vielfalt von Nadeln und Klammern, die sicher stellen sollten, dass die Krawatte gebunden blieb und fest am Hemd saß. Dazu wurden entsprechende Gebrauchsanweisungen gelie-

Ernest Rutherford, der Entdecker des Atomkerns, mit Langbinder zum Stehkragen, um 1915.

fert. »Wenn Sie eine schwarze Krawatte tragen oder eine schwarze Krawatte mit einem weißen oder einem roten Muster, dann geht nichts über eine ungefärbte Perle«, rät der »Major«.

Die Unzulänglichkeiten der Krawatte, die mit ihrer Fertigung zusammenhingen, wurden erstmals von dem New Yorker Modedesigner Jesse Langsdorf im Jahr 1926 gelöst. Er führte schräg geschnittene Krawatten ein, die in Längsrichtung gedehnt werden konnten, und stellte sie aus drei gesonderten Stoffschichten her. Die Krawatten, die auf diese Weise produziert wurden, waren dehnbar, hatten Spannkraft und fielen gerade vom Knoten hinunter, ohne sich zu verdrehen. Mit dieser kleinen, aber revolutionären Neuerung war die moderne Krawatte geboren.

Die Form der Krawatte, wenn auch nicht ihr Design, wandelte sich weiterhin. Als Westen zunehmend außer Mode kamen, wurden die Krawatten länger, um den größeren Raum auszufüllen, den das Revers des Jacketts frei ließ. Heute reicht die Krawatte knapp bis zum Hosenbund. Doch die dreihundertfünfzigjährige Tradition erinnert uns daran, dass sie eigentlich ein Halsschmuck ist. Es ist besser, eine zu kurze als eine zu lange Krawatte zu tragen. Die Breite des Langbinders gewann die gleiche Bedeutung wie die Größe des Halstuchs zweihundert Jahre zuvor. Die überbreiten Krawatten, die in den 1970er Jahren en vogue waren, riefen ähnliche Reaktionen hervor wie die pompösen Schleifen und Halstücher der Macaronis und Incroyables, die ihnen vorausgingen. Die Breite der Krawatte schwankte im zwanzigsten Jahrhundert zwischen fünf und zwölf Zentimeter – je nach der Breite der Jackettrevers. Die natürliche Breite eines Langbinders, in der sich die normalen Abmessungen eines Herrenanzugs widerspiegeln, beträgt sieben bis neun Zentimeter. Viele Herrenausstatter fertigen noch heute ihr gesamtes Krawattenangebot in diesen Größen.

Der Windsor-Knoten

Erst nach der Umgestaltung der Krawatte durch Langsdorf wurde allmählich die ganze potenzielle Vielfalt ihrer Arrangements verwirklicht. Da die Krawatte jetzt diagonal zur Webrichtung geschnitten wurde, waren dezentere Knoten möglich, die viele verschiedene Formen annehmen konnten. Gleichzeitig erfreute sich die Krawatte einer beispiellosen Beliebtheit, und im zwanzigsten Jahrhundert erreichte die Herrenkleidung den Gipfel ihrer Eleganz. So ging zwangsläufig die seit langer Zeit bestehende Vorherrschaft des Four-in-hand-Knotens zu Ende.

Der vielleicht bemerkenswerteste aller neuen Knoten, der Windsor, etablierte sich Mitte der Dreißigerjahre. Der Prinz von Wales, später Eduard VIII. und noch später Herzog von Windsor, übte einen nachhaltigen Einfluss auf die Mode jener Zeit aus. Der schon zuvor stilprägende Prinz rückte durch die Affäre mit der geschiedenen Amerikanerin Wallis Simpson in den USA in den Mittelpunkt des öffentlichen Interesses. Er bevorzugte große Knoten und gespreizte Kragen, zwischen denen erstere bequem Platz fanden, und das männliche Publikum folgte seinem Beispiel.

Obgleich der Herzog von Windsor zweifellos dazu beitrug, den großen Knoten, der seinen Namen trägt, zu popularisieren, steht doch fest, dass er ihn nicht erfunden hat.

Noch erstaunlicher ist, dass der Herzog nicht den Windsor-Knoten benutzte, sondern den Four-in-hand, den er zu maßgefertigten Krawatten aus dickem Stoff trug. »Dies mag der Ursprung des Mythos vom Windsor-Knoten sein, den der Herzog *nicht* trug«, berichtete die Zeitschrift *Vogue* 1967. Das Endresultat war ein Knoten von einer Fülle, die andere nur mit einem größeren Knoten erzielen konnten.

Über den Halben Windsor wissen wir weniger, obgleich wir sicher sein können, dass er in den Fünfzigerjahren recht gebräuchlich war. Trotz seines Namens deutet nur wenig darauf hin, dass er vom Windsor-Knoten abgeleitet wurde, der ihm angeblich vorausging. Zudem ist seine Bezeichnung nicht exakt; er erreicht drei Viertel der Größe des Windsor und nicht, wie sein Name andeutet, nur die Hälfte. Dennoch hielt sich der Name, und der Knoten ist bis heute sehr beliebt.

Der Zweite Weltkrieg läutete das Ende der britischen Vorherrschaft in der Kleidermode ein, zumindest was die Krawatten betraf, und die Amerikaner gewannen an Einfluss. Die Popularität der konservativen, dezenten Krawatten, die vor dem Krieg in Mode waren – und die zum Ausdruck brachten, was *Esquire* »ein Musterbeispiel an Selbstbeherrschung« nannte –, ging mit ihm zu Ende. An ihre Stelle traten die »opulenten« Krawatten mit ihrer nie zuvor erblickten Vielfalt an Farben und Mustern, in denen sich der Optimismus jener Jahre widerspiegelte. Seit dieser Zeit wird das Ausgefallene in der Krawattenmode mehr oder weniger akzeptiert.

Erst in den Achtzigerjahren, als sich die oft gehörte Prophezeiung vom Niedergang der Krawatte als falsch erwies und die stilistische Extravaganz nachließ, wurde der Bindetechnik mehr Beachtung entgegengebracht, während die Musterung der Krawatte an Bedeutung verlor. 1989, als der Four-in-hand, der Windsor und der Halbe Windsor dominierten, erblickte der Pratt-Knoten das Licht der Welt. Als

Was eine Krawatte im Jahr 1951 bewirken konnte …

sein Erfinder gilt der Amerikaner Jerry Pratt, der ihn jahrzehntelang getragen hatte, ohne sich seiner Neuartigkeit bewusst zu sein.

Fast hundertsiebzig Jahre nach der Veröffentlichung von *Neckclothitania* schrieben die beiden Italiener Davide Mosconi und Riccardo Villarosa einen Leitfaden über die Kunst des Krawattenbindens, *Fliegen und Krawatten – Die verbindliche Kunst des feinen Knotens* (1985). Anders als seine Vorgänger beschreibt das Buch Bindetechniken für alle Formen von Krawatten. Es schildert eingehend vierunddreißig verschiedene Wege, einen Four-in-hand zu binden, obgleich es sich dabei in Wirklichkeit nur um Variationen von etwa neun Grundknoten handelt. Diese Redundanz rührt von einer vagen Definition der Bezeichnung »Knoten« her: Ein Four-in-hand in einer breiten Krawatte kann völlig anders aussehen als ein Four-in-hand in einer schmalen Krawatte, aber das Bindemuster der beiden ist identisch.

Wie viele verschiedene Knoten kann man mit einer Krawatte binden? Im Fall des Halstuchs stieg die Zahl der Bindetechniken, die in der ersten Hälfte des neunzehnten Jahrhunderts beschrieben wurden, von zwölf auf zweiunddreißig und weiter auf zweiundsiebzig. Daher ist es nicht verwunderlich, dass es weitaus mehr Krawattenknoten gibt, als die meisten Menschen meinen.

Heute, da das Bewusstsein für modische Kleidung weit verbreitet ist und die Männer dem Arrangement ihrer Krawatten wieder die gebührende Aufmerksamkeit widmen, liefert uns die Wissenschaft nicht nur ein Verfahren zur Berechnung aller möglichen Knoten, sondern auch Kriterien für die Bedingungen, unter denen sie ästhetisch ansprechend sind. Aus der Verknüpfung einer dreihundertfünfzigjährigen Tradition mit mathematischer Analyse erwächst die Wissenschaft und Ästhetik der Krawattenknoten.

Erster Stutzer: »Was für eine wundervolle Schleife, Frank. Wie ist dir dieses Meisterwerk nur gelungen?«
Zweiter Stutzer: »Jaah. Ich bilde mir ein, sie ist recht imposant geraten; aber schließlich habe ich auch meinen ganzen Verstand darauf verwendet!«

Zwei

Topologie, Knoten und Krawatten

Auf der Rangliste der Belanglosigkeiten sollte das Knoten gleich hinter Faulheit eingeordnet werden.

Dr. Samuel Johnson
Dictionary, 1755

Nodus Operandi

Knoten spielen in der Natur eine fundamentalere Rolle, als ihre Bedeutung in der Welt der Mode erkennen lässt. So nimmt etwa die DNA knotenförmige Gestalt an, beispielsweise bei der Rekombination durch so genanntes Crossing-over, was sich wiederum auf ihre Eigenschaften auswirkt. Möglicherweise spielen (nicht mehr anschaulich vorstellbare) Knoten in zehn Dimensionen auch eine Rolle in der so genannten Stringtheorie, die sich um eine Vereinigung der Allgemeinen Relativitätstheorie und der Quantenmechanik bemüht. Für die meisten Menschen jedoch sind Knoten rein praktische Gebilde, und daran werden wir hier anknüpfen.

Das Wort »Knoten« in seiner gewöhnlichen Bedeutung »wird für alle Verwicklungen im Tauwerk gebraucht, ausgenommen ungewollte Windungen, Verwicklungen und Kinken, Knäuel und Wulings, die beim Lagern vorkommen können«, heißt es im *Ashley-Buch der Knoten*. In der Praxis wird diese allgemeine Definition in drei Hauptkategorien unterteilt: Verbindungsknoten, Steke und Knoten. Ein Verbindungsknoten verbindet zwei Seile, ein Stek befestigt ein Seil an einem anderen Gegenstand, und ein Knoten ist jede Art von Verschlingung in dem Seil selbst.

Die bekanntesten und gebräuchlichsten Knoten sind die elementarsten. Der einfachste ist der Überhandknoten (Abbildung 1), der, wenn er um einen Gegenstand gebunden wird, Halber Schlag genannt wird. Der Rechteck- oder Reffknoten ist vielleicht der gebräuchlichste und wird oft mit dem ähnlichen, aber weitgehend unbrauchbaren Altweiberknoten verwechselt. Der Kreuzknoten wird wie der Reffknoten gebunden, der einzige Unterschied besteht darin, dass die zweite Hälfte entsteht, nachdem die beiden Seilenden noch

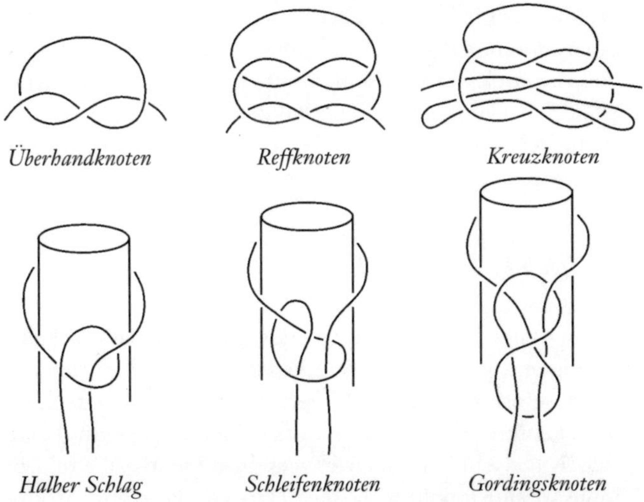

Abbildung 1: *Praktische Knoten. Der scheinbar seltene Gordingsknoten ist als Krawattenknoten bekannter unter dem Namen Four-in-hand.*

einmal zurückgefaltet worden sind. Der Schleifenknoten ist (verwirrenderweise) eine Variante des Steks, fester als der Halbe Schlag, aber nicht so verlässlich wie der Gordingsknoten.

Erstaunlicherweise gehören die meisten der in Kapitel 1 beschriebenen Krawattenknoten zu den Elementarknoten, wie sie in Abbildung 1 wiedergegeben sind. Die älteren Halstücher aus Spitzen wurden zu einem Halben Schlag oder Schleifenknoten geschlungen. Viele der Halsbinden, die im frühen neunzehnten Jahrhundert en vogue waren, zum Beispiel das Gordische Halstuch, benötigten einen Reffknoten, ebenso wie der später so beliebte Ascot. Schwarze Stocks und Frackschleifen wurden zu einem Kreuzknoten und die Langbinder bis ins erste Viertel des zwanzigsten Jahrhunderts hinein ausschließlich zu einem Gordingsknoten, besser bekannt als Four-in-hand, gebunden.

Männer binden ihre Krawatten seit Jahrhunderten zu Elementarknoten. Obwohl es kompliziertere Knoten gibt, ist nicht klar, welche sich für Krawatten eignen. Um die Krawattenknoten im allgemeinen Kontext von Knoten zu verstehen, betrachten wir zunächst einige Grundbegriffe der Topologie.

Topologie – der Kringel in der Teetasse

Die Topologie, ein Teilgebiet der Geometrie, befasst sich mit denjenigen Eigenschaften räumlicher Gebilde, die sich nicht ändern, selbst wenn die Gebilde aus Gummi bestünden und sich beliebig verformen ließen. Eine kleine Kugel und eine große Kugel sind topologisch gesehen identisch, und ein Globus ist eine topologisch treue Darstellung unseres Planeten. In ähnlicher Weise sind für einen Topologen auch ein Apfel und eine Banane äquivalent, da das eine Gebilde kontinuierlich in die Form des anderen überführt werden kann. Einige Formen – und seien sie auch noch so elastisch – lassen sich jedoch nicht in dieser Weise ineinander überführen. Eine Kugel beispielsweise kann nicht ohne Zerreißen der Oberfläche die Form eines Kringels (Torus) annehmen – ein Kringel hat ein Loch, ein Kugel nicht. Eine Teetasse dagegen kann in einen Kringel umgeformt werden; man braucht nur die Tasse schrumpfen zu lassen und den Henkel aufzublasen.

Zwei Formen sind dann topologisch äquivalent, wenn sich die eine durch kontinuierliche Verformung in die andere überführen lässt, und zwar ohne Schneiden, Kleben oder Hinzufügung beziehungsweise Entfernung von Löchern. Wenn man diese Definition mathematisch weiterführt, kann man auf sehr seltsame Orte stoßen.

Zwei ineinander verschlungene Ringe beispielsweise können durch kontinuierliche Verformung – und ohne Schnitt – in zwei getrennte Ringe überführt werden. Die scheinbare

Abbildung 2: *Die oberen Gegenstände lassen sich durch kontinuierliche Verformung in die unteren Gegenstände überführen, wenn auch nicht immer in drei Dimensionen; zwei verschlungene Ringe können nur in vier oder mehr Dimensionen getrennt werden.*

Unmöglichkeit dieses Ergebnisses ist ein Artefakt des dreidimensionalen Denkens: Die Ringe lassen sich nur in vier oder mehr Dimensionen entschlingen. Schauen wir uns ein analoges Beispiel in einer zweidimensionalen Welt an. Ein Käfer, der von einer Insel fliehen möchte, kann dieses Ziel nicht durch bloßes Krabbeln (das heißt durch Fortbewegung auf der zweidimensionalen Oberfläche der Erde) erreichen, sondern nur durch Fliegen (also durch Benutzung der zusätzlichen dritten Dimension). Ähnlich verhält es sich mit unseren im dreidimensionalen Raum verschlungenen Ringen: Nehmen wir zu den drei Raumdimensionen die Zeit als vierte Dimension hinzu. Eine »Momentaufnahme« verschlungener Ringe – Ringe, die nur zu einem einzigen Zeitpunkt existieren – können wir ohne Probleme entschlingen, indem wir einen von ihnen auf eine Zeitreise schicken, sodass er nunmehr zu einem späteren Zeitpunkt existiert als der andere. Anschließend können die beiden Ringe unabhängig voneinander räumlich frei bewegt werden, ohne dass dazu einer den anderen durchdringen müsste – das ist des Rätsels Lösung.

Das Beispiel verschlungener Ringe dient als Warnung davor, sich auf seine Intuition zu verlassen. Tatsächlich kann eine Schnur in vier (oder mehr) Dimensionen nicht wirklich verknotet werden; wie die Verbindung zwischen den Ringen sind sämtliche möglichen Verschlingungen auflösbar. Bei der Beschäftigung mit Krawattenknoten müssen wir glücklicherweise nur den dreidimensionalen Raum betrachten.

Knotentheorie

Das Bemühen um ein tieferes Verständnis von Knoten begann mit dem Physiker Lord Kelvin. Er war ein berühmter Forscher zu einer Zeit, da es noch keine anerkannte Theorie der Atomstruktur gab. Stabilität und Vielfalt der Atome waren zwar bekannt, aber man konnte sie sich nicht erklären, und Lord Kelvin glaubte, dass sie aus verschiedenen Knoten und Wirbeln im Äther, einer, wie man damals glaubte, den Weltraum durchdringenden Substanz, bestehen könnten (das Vakuum galt damals als äußerst suspekt). In einem Vortrag vor der Royal Society in Edinburgh zog er 1867 das Fazit: »Ich habe der Gesellschaft Modelle von verknoteten und verschlungenen Wirbelatomen vorgestellt, deren unendliche Vielfalt mehr als genügt, um die Allotropien und Affinitäten aller bekannten Materie zu erklären.« Offenbar hatten ihn die Rauchringe des mit ihm befreundeten Physikers P. G. Tait inspiriert, und so reifte in ihm die Überzeugung, alle Materie bestehe aus verknoteten Wirbeln, ähnlich den mannigfaltigen Rauchringen, die er gesehen hatte. Bald darauf begann Tait, eine Liste aller prinzipiell möglichen Knoten aufzustellen, um zu prüfen, ob sich so die Hypothese von Lord Kelvin bestätigen ließe.

Im Jahr 1877 hatte Tait sämtliche Knoten mit bis zu sieben

Kreuzungen ermittelt. Er hatte gehofft, sie würden den Elementen im Periodensystem entsprechen. Doch dies war nicht der Fall; Lord Kelvin hatte sich geirrt, dennoch war die Knotentheorie geboren.

Über hundert Jahre später ist sie als eigenständiges Teilgebiet der Mathematik allgemein anerkannt. Obwohl Knoten oftmals in einer natürlichen, jedermann geläufigen Weise entstehen, lassen sie sich gewöhnlich nur schwer mathematisch beschreiben und analysieren. Über seine eigene Knotentabelle sagte Tait freimütig: »Vielleicht fehlen noch einige [Knoten], während andere möglicherweise in mehr als eine Gruppe gestellt werden können.« Das Fehlen exakter Methoden wurde offenkundig, als K. M. Perko 1974 herausfand, dass zwei Knoten, die man neunzig Jahre lang für verschieden gehalten hatte, in Wirklichkeit identisch waren. Diese Aura der Unsicherheit zeigt, dass die Knotentheorie ein besonders schwieriges Gebiet ist.

Der Laie stellt sich Knoten als Verschlingungen in einem Seil mit zwei losen Enden vor, wie etwa bei einem Reffknoten. Doch wenn Mathematiker über einen Knoten nachdenken, fügen sie zuallererst die losen Enden zusammen, um die Verknotung gewissermaßen »einzuschließen«. Auf diese Weise trägt jeder in sich geschlossene Faden einen Knoten, und umgekehrt kann jeder Knoten durch einen solchen Faden dargestellt werden. Zwei Knoten sind äquivalent, wenn der eine durch kontinuierliche Verformung in den anderen überführt werden kann; sonst sind sie verschieden.

Der einfachste Knoten ist die gewöhnliche Schlinge, die in Abbildung 3 dargestellt ist und auch als Unknoten bezeichnet wird. Er spielt in der Knotentheorie eine ähnliche Rolle wie die Zahl Null bei der Addition von (nichtnegativen) ganzen Zahlen. Der einfachste *nichttriviale* Knoten ist der Kleeblattknoten, der identisch ist mit dem Überhandknoten mit verbundenen Enden. Es ist unmöglich, den Kleeblattknoten durch Deformation in den Unknoten zu überführen.

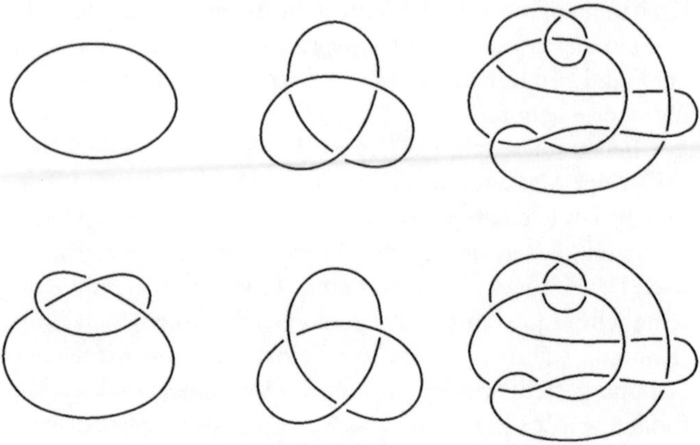

Abbildung 3: *Die Knoten in der oberen Reihe (Mitte und rechts) sind identisch mit dem Unknoten (oben links), und die Knoten in der unteren Reihe (Mitte und rechts) sind identisch mit dem Kleeblattknoten (unten links).*

Herauszufinden, ob zwei Knoten identisch sind, kann allerdings, wie Perko und Tait sicher bestätigen würden, in der Praxis äußerst schwierig sein. Um dies zu veranschaulichen, haben wir den Unknoten und den Kleeblattknoten in Abbildung 3 (Mitte) so weit verformt, dass sie einander sehr ähneln: Sie unterscheiden sich nur in einer einzigen Kreuzung. Wenn man sie noch stärker verschlingt (rechts), ist überhaupt nicht mehr unmittelbar ersichtlich, welcher welcher ist.

Jede grafische Darstellung eines Knotens mit Ausnahme des einfachsten weist notwendigerweise Kreuzungspunkte auf. Das Minimum dieser Kreuzungen pro Knoten wird Kreuzungszahl genannt. Jedes Diagramm eines Kleeblattknotens beispielsweise muss mindestens drei Kreuzungen enthalten. Er ist der einzige Knoten mit Kreuzungszahl drei. Abbildung 4 zeigt Knoten mit Kreuzungszahlen vier und

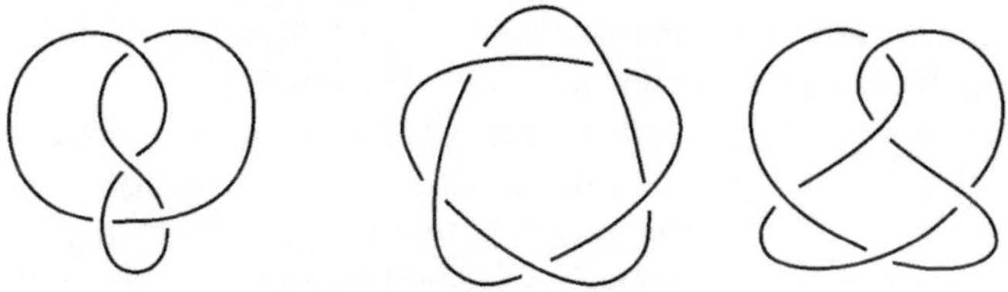

Abbildung 4: *Ein Knoten mit Kreuzungszahl vier, der so genannte Achterknoten (links). Zwei Knoten mit Kreuzungszahl fünf, die nicht ineinander überführt werden können (rechts).*

fünf. Der linke Knoten wird Achterknoten genannt. Die beiden anderen sind nichtäquivalente Knoten mit fünf Kreuzungen, die nicht ineinander überführt werden können.

Die Knotentheoretiker beschreiben mit der Kreuzungszahl die topologische Komplexität eines Knotens. Die Anzahl der Knoten zu gegebener Kreuzungszahl wächst, so Tait, »beängstigend schnell«, doch bis heute wissen wir wenig über diese Zahlenfolge.

Krawattenknotentheorie

Eine gebundene Krawatte ist nichts anderes als ein verknoteter Stoffstreifen, der um den Hals getragen wird. Da liegt es nahe, knotentheoretische Konzepte auf Krawattenknoten anzuwenden. Stellen wir uns wiederum vor, dass die beiden Krawattenenden nach der Verknotung eine geschlossene Schlinge bilden. Wir benötigen jetzt eine Definition beziehungsweise mathematische Beschreibung eines Krawattenknotens. Diese Beschreibung muss vollständig und präzise sein, zwischen allen Krawattenknoten unterscheiden und Tuchschlingen ausschließen, die für einen Gentleman unbrauchbar sind.

Die einfachste Antwort, die wir vom vorangegangenen Abschnitt übernehmen, lautet: Ein Krawattenknoten ist jede geschlossene Krawattenkontur, wobei gilt, dass zwei Knoten äquivalent sind, wenn sie durch Verformung ineinander überführt werden können; andernfalls sind sie nichtäquivalent. Nun lassen sich jedoch sowohl der Four-in-hand als auch der Windsor durch Deformation in den Kleeblattknoten überführen, während der Halbe Windsor und der Pratt in den Unknoten umgewandelt werden können. Unsere Definition deckt somit offensichtlich nicht die ganze Komplexität von Krawattenknoten ab; wir brauchen eine differenziertere Klassifikation.

Das Problem liegt in den impliziten Randbedingungen, denen Krawattenknoten genügen müssen. Während ein gewöhnlicher Knoten in beliebiger Weise entknotet werden kann, solange er nicht zerschnitten wird, muss der Krawattenknoten die Randbedingungen erfüllen, oben eine Schleife um den Hals zu bilden und unten auf der Brust zu hängen. Entsprechend führen wir einen Pflock, der den Hals darstellen soll, am oberen Ende des Knotens ein, und einen zweiten Pflock darunter, der die Randbedingung repräsentieren soll, dass die beiden Enden nicht durchgezogen werden dürfen. Diese Konstruktion, dargestellt in Abbildung 5 und 6, bringt eine eigene Klasse von Knoten hervor, die so genannten Zweipflockknoten.

Die Zweipflockdiagramme des Four-in-hand und des Halben Windsor unterscheiden sich jetzt, da das eine nicht mehr durch Verformung in das andere überführt werden kann. Tatsächlich entspricht jeder bekannte Krawattenknoten einem eindeutig bestimmten Zweipflockknoten. Wir verfügen damit über ein Modell, das so detailgenau ist, dass wir mit ihm alle bekannten Krawattenknoten beschreiben können. Leider enthält es auch Knoten, die sich nicht für Krawatten eignen (Abbildung 6). Um eine eindeutige Zuordnung zu erhalten, müssen wir eine andere Herangehensweise wählen: Wir betrachten, wie der Knoten in der Praxis gebunden wird.

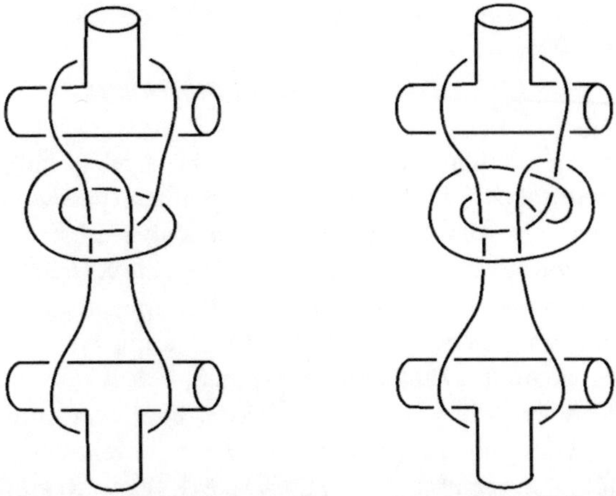

Abbildung 5: *Die Darstellung des Four-in-hand (links) und des Halben Windsor (rechts) in einem Zweipflockdiagramm. Der obere Pflock entspricht dem Hals, und der untere Pflock gibt die Randbedingungen für die beiden herabhängenden Enden vor.*

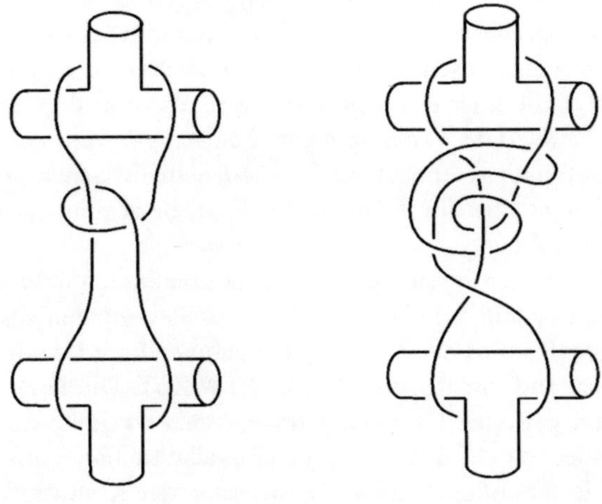

Abbildung 6: *Einige Zweipflockknoten eignen sich nicht für Krawatten.*

Die Praxis des Knotenbindens

Nachdem man eine Krawatte um den Hals gelegt hat, wird das breite (aktive) Ende derart um das schmale (passive) Ende geschlungen, dass Letzteres aus dem dabei entstehenden Knoten gezogen werden kann. Wir wollen die verschiedenen Arten, einen Krawattenknoten zu binden, anhand aller möglichen Handhabungen des aktiven Endes auflisten.

Man beginnt einen Krawattenknoten, indem man das aktive Ende nach links legt und entweder über oder unter das passive Ende führt; so entsteht die Basis mit drei Achsen, die den Raum in rechte, zentrale und linke (R, Z, L) Region unterteilen (Abbildung 7).

Anschließend schlingt man das aktive Ende um die dreiachsige Basis. Man kann diesen Prozess als eine Folge von halben Törns von einer Region in eine andere betrachten, sodass das aktive Ende abwechselnd vom Hemd weg (⊙) und zum Hemd hin (⊗) zeigt (Abbildung 8). Diese beiden Symbole entsprechen der Spitze und dem Schwanz eines Pfeils.

Um einen vollständigen Knoten zu erhalten, muss man das aktive Ende über das passive kreuzen, also entweder R⊙L⊗ oder L⊙R⊗, dann von hinten zum Zentrum, Z⊙, und schließlich durch die so entstehende vordere Schleife ziehen (mit T bezeichnet, aber im Folgenden nicht als Bewegung betrachtet; Abbildung 9).

Wir können nunmehr einen Krawattenknoten definieren als eine beliebige Folge von Elementarbewegungen aus der Menge {R⊙, R⊗, Z⊙, Z⊗, L⊙, L⊗}, beginnend mit L⊙ oder L⊗ und endend mit R⊙L⊗Z⊙T oder L⊙R⊗Z⊙T. Die Folge unterliegt gewissen Randbedingungen, sodass keine zwei aufeinander folgenden Bewegungen dieselbe Region (zum Beispiel R⊙R⊗) oder dieselbe Orientierung der Krawatte (zum Beispiel Z⊙L⊙) anzeigen dürfen. Der Four-in-hand bei-

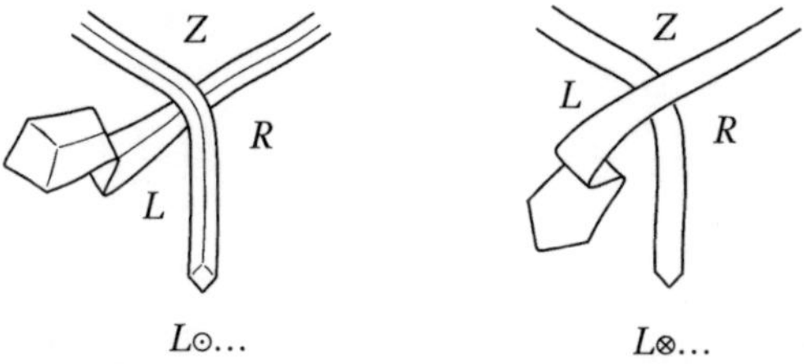

Abbildung 7: *Die beiden Möglichkeiten für die Ausgangsbewegung beim Binden eines Knotens. Für Knoten, die mit L⊙ beginnen, muss man die Enden mit der Naht nach außen überkreuzen. (Der Bezugsrahmen dieser und aller anderen Figuren ist das Spiegelbild der Krawatte und der Bewegungen, die mit ihr ausgeführt werden.)*

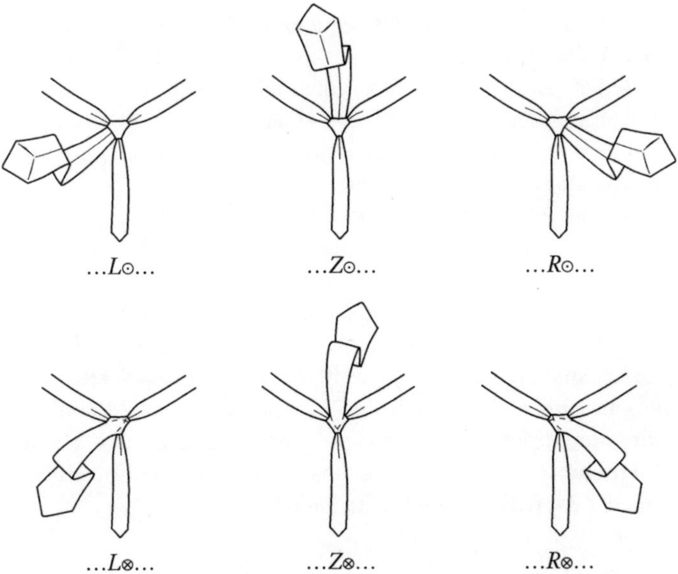

Abbildung 8: *Die sechs Bewegungen, mit denen ein Krawattenknoten gebunden wird. L⊙ beispielsweise gibt die Bewegung an, durch die das aktive Ende in die linke Region und »vom Hemd weg« oder »aus der Buchseite heraus« verlagert wird.*

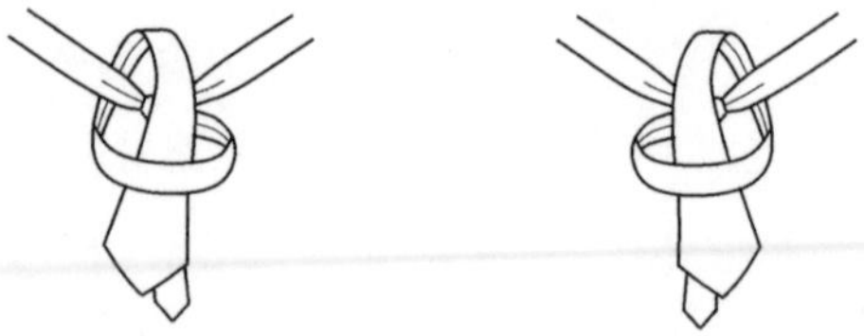

…(R⊙L⊗Z⊙)T *…(L⊙R⊗Z⊙)T*

Abbildung 9: *Die beiden Möglichkeiten, einen Knoten abzuschließen. Das aktive Ende wird zum Schluss durch die vordere Schleife gezogen (mit T abgekürzt), die durch die drei vorangehenden Bewegungen entstanden ist.*

spielsweise wird durch die Sequenz L⊗R⊙L⊗Z⊙T repräsentiert (Abbildung 10).

Jeder Krawattenknoten entspricht einer spezifischen Folge, und jede zulässige Folge einem spezifischen Knoten, der sich für Krawatten eignet. So erhalten wir eine befriedigende Definition für Krawattenknoten.

Wenn wir die R-, Z- und L-Bewegungen als Schritte auf einem Dreiecksgitter betrachten, entspricht jeder Krawattenknoten einer Wanderung auf dem Gitter.* Wir können dann in der Physik gebräuchliche mathematische Verfahren anwenden, um die Krawattenknoten nach Größe und Form zu klassifizieren und die Anzahl der Knoten in jeder Klasse auszurechnen. Anschließend führen wir ästhetische Randbedingungen der Symmetrie und Ausgewogenheit ein. Dann folgt eine Zusammenfassung unserer Ergebnisse; Einzelheiten des Modells finden Sie im Anhang.

* In der Physik unter der – in diesem Zusammenhang eher missverständlichen – Bezeichnung »Zufallsbewegung« *(random walk)* bekannt. *A. d. Ü.*

Größe und Form

Die Größe eines Krawattenknotens entspricht der Zahl der Elementarbewegungen, die nötig sind, um ihn zu binden. Zusätzliche Bewegungen führen zu einem Anwachsen der Knotengröße, auch wenn ein in unserem Sinne kleiner Knoten in einer dicken Krawatte de facto einem großen Knoten in einer dünnen Krawatte ähneln kann. Durch Kombination der für Anfang und Abschluss vorgeschriebenen Teilfolgen erhält man den kleinstmöglichen Knoten; er umfasst drei Bewegungen und ist gegeben durch die Folge L⊙R⊗Z⊙T. Theoretisch gibt es keine obere Grenze für die Größe eines Krawattenknotens. Allerdings haben reale Krawatten eine begrenzte Länge, die im Allgemeinen zwischen 130 und 145 Zentimetern beträgt. Demgemäß sind in der Praxis nur solche Knoten möglich, die hinreichend lange Enden übrig lassen, um sie um den Hals zu schlingen und durch den Knoten zu ziehen. Obgleich dies vom Gewicht der Krawatte abhängt, schließen wir Knoten mit zehn Elementarbewegungen oder mehr aus. Addiert man die Anzahlen möglicher Knoten für alle Größen zwischen drei und neun Bewegungen (nämlich 1, 1, 3, 5, 11, 21 und 43), beläuft sich die Gesamtzahl der möglichen Krawattenknoten auf fünfundacht-

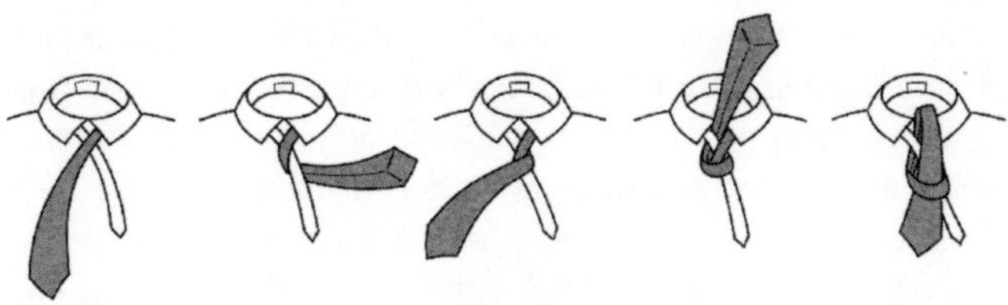

Abbildung 10: *Der Four-in-hand, wiedergegeben durch die Folge L⊗R⊙L⊗Z⊙T.*

zig (Einzelheiten zu diesen und anderen Berechnungen finden Sie im Anhang).

Die Form des Knotens wird durch die Anzahl der Bewegungen nach rechts, durchs Zentrum und nach links festgelegt, die notwendig sind, um ihn zu binden. In der Praxis wird der Knoten nach seiner Breite beurteilt; als Maß dafür bietet sich die Zahl der zentralen Bewegungen an. Wir klassifizieren damit Knoten gleicher Größe; Knoten mit identischer Größe und Form gehören zur selben Klasse. Ein kleiner Anteil an Bewegungen durchs Zentrum ergibt einen schmalen Knoten wie etwa den Four-in-hand, und ein großer Anteil von Bewegungen durchs Zentrum ergibt einen breiten Knoten wie den Windsor.

Die fünfundachtzig Knoten bilden insgesamt sechzehn Klassen, nämlich (3,1), (4,1), (5,1), (5,2), (6,1), (6,2), (7,1), (7,2), (7,3), (8,1), (8,2), (8,3), (9,1), (9,2), (9,3) und (9,4), wobei die erste Ziffer die Gesamtzahl der Bewegungen angibt und die zweite die Anzahl der Bewegungen durchs Zentrum. Die Klassen (7,1), (8,1) und (9,1) enthalten keine Knoten, die ästhetisch hinreichend ansprechend wären, sodass dreizehn Knotenklassen übrig bleiben.

Symmetrie und Ausgewogenheit

Als erste ästhetische Randbedingung fordern wir von einem Krawattenknoten maximale Symmetrie und wählen aus jeder Klasse diejenigen Knoten aus, die so weit wie möglich gleich viele Bewegungen nach links und nach rechts erfordern. Genauer definieren wir die Symmetrie als die Differenz zwischen den beiden Anzahlen und streben an, sie möglichst gering zu halten.

Während die Zahl der Bewegungen durchs Zentrum und die Symmetrie die Bewegungsstruktur einer Knotenfolge angeben, bezieht sich das Kriterium der Ausgewogenheit auf die Verteilung dieser Bewegungen; sie entspricht dem Maß der harmonischen Mischung der Bewegungsarten. Ein ausgewogener Knoten ist straff gebunden und behält seine Form. Wir benutzen dies als zweite ästhetische Randbedingung.

Die Knoten in jeder Klasse werden nach Symmetrie und, wenn es dann noch unentschieden ist, zusätzlich nach Ausgewogenheit geordnet. Den ersten Knoten in jeder Hauptklasse bezeichnen wir als ästhetischen Knoten. Diesem Auswahlverfahren folgend, erhalten wir aus unserem Modell ordnungsgemäß die vier gebräuchlichsten Krawattenknoten und darüber hinaus neun neue ästhetische Knoten.

Dopplung und Vertauschbarkeit

Die in diesem Buch beschriebenen Krawattenknoten könnten ebenso gut mit R⊗ und R⊙ begonnen werden. (Linkshändige Männer tun dies sowieso.) Da ein Knoten und seine transponierte Version Spiegelbilder voneinander sind, duplizieren wir sie hier nicht und beschränken unsere Diskussion auf Knoten, die von links beginnen.

Bestimmte Knotennamen werden zur Beschreibung von mehr als einer Knotenfolge verwendet. Diese Folgen unterscheiden sich durch die Vertauschung von einem oder mehr LR-(beziehungsweise RL-)Paaren; so wird beispielsweise L⊗R⊙Z⊗R⊙L⊗Z⊙T ebenso als Halber Windsor bezeichnet wie L⊗R⊙Z⊗L⊙R⊗Z⊙T. Diese Ambiguität rührt im Wesentlichen daher, dass es keine definitive Definition gibt, obgleich die Vertauschung der letzten LR-Gruppe günstig ist. Sie legt fest, ob eine Folge »selbstlösend« (siehe unten) ist oder nicht – ein Vorteil, der für manchen Krawattenträger den Verlust an ästhetischer Wertigkeit durchaus aufwiegt.

Den Knoten lösen

Ein Krawattenknoten wird am leichtesten und am häufigsten dadurch gelöst, dass man das passive Ende aus dem Knoten herauszieht. Das ist schlecht für die Krawatte, aber manchmal angenehm für den Träger: Entweder die Krawatte entknotet sich, oder es bleibt ein kleiner Restknoten. Interessanterweise hängt die Komplexität des Restknotens nicht von der Länge der Sequenz ab, mittels derer er kreiert wurde. Der Windsor beispielsweise entknotet sich vollständig, der Halbe Windsor dagegen nicht.

Es zeigt sich, dass sich Knoten, die mit der abschließenden Teilfolge R⊙L⊗Z⊙T enden, vollständig lösen, während Knoten mit L⊙R⊗Z⊙T diese Eigenschaft der »Selbstlösung« verlieren. Abbildung 11 veranschaulicht den subtilen topologischen Unterschied zwischen den beiden abschließenden Teilfolgen. Sobald man das passive Ende herausgezogen hat, gleicht die präterminale Folge einem Fadenknäuel mit zwei

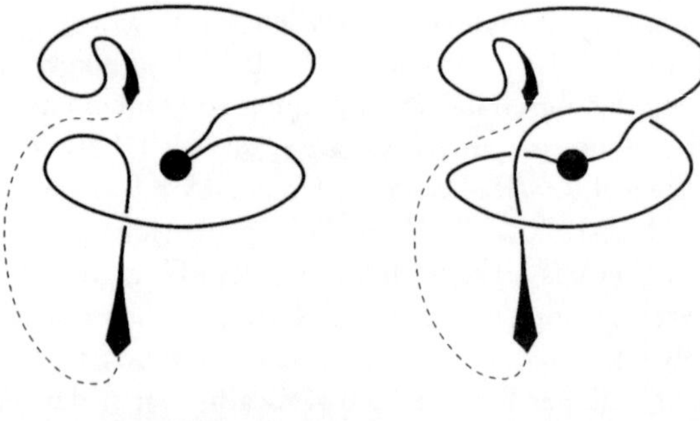

Abbildung 11: *Das linke Diagramm, mit der abschließenden Teilfolge R⊙L⊗Z⊙T, entknotet sich, während das rechte, mit der abschließenden Teilfolge L⊙R⊗Z⊙T, einen Kleeblattknoten bildet.*

losen Enden. Durch Ziehen am aktiven Ende löst es sich auf. Entsprechend werden alle Bindebewegungen aufgehoben, bis auf die abschließende Teilfolge, die festlegt, ob sich die Krawatte vollständig von selbst löst.

Die Mathematik stellt uns fünfundachtzig Krawattenknoten zur Verfügung, zumindest theoretisch. Doch die Theorie muss in die Praxis umgesetzt werden. Von den fünfundachtzig Knoten haben dreizehn unsere ästhetischen Prüfungen bestanden und unsere Empfehlung erhalten. Sie werden im folgenden Kapitel mit ihren besonderen Merkmalen ausführlich beschrieben. Die übrigen Knoten, von denen manche im zwanzigsten Jahrhundert treue Anhänger hatten, wurden aus Gründen der Vollständigkeit aufgenommen. Leider berücksichtigt die Theorie keine persönlichen Vorlieben; Sie müssen die Knoten selbst ausprobieren.

Drei

Die fünfundachtzig Krawattenknoten

Eine Krawatte wird ... mit einem Schleifenknoten [gebunden]; das ist die ursprüngliche Form dieses Kleidungsstücks; doch heute gibt es auf Grund der Kunstfertigkeit und der Erfindungen der Näher so viele neue Bindeweisen, dass es eine schwierige Aufgabe wäre, all ihre Namen aufzulisten, und erst recht, sie zu beschreiben.

Randle Holme
Academy of Armoury and Blazon, 1688

Knoten 1 (Oriental) L⊙R⊗Z⊙T

Obgleich der Oriental der einfachste Krawattenknoten ist, wird er im Westen nur selten benutzt. In China dagegen nimmt er den Platz seines nächsten Verwandten, des Four-in-hand (2), ein, und er ist dort der erste Knoten, der Schülern beigebracht wird. Er firmiert im Osten wie im Westen auch unter den Namen Einfacher Knoten, Roter Knoten und *petit noeud.*

Beim Oriental muss die Krawatte zunächst mit der Naht nach außen um den Hals gelegt werden, was vielleicht seinen seltenen Gebrauch erklärt. Während das passive (schmale) Ende beim fertigen Knoten weiterhin mit der Naht nach außen zeigt, ist die Naht schließlich beim aktiven (breiten) Ende nach innen, also brustwärts gerichtet. Dies rührt daher, dass das aktive Ende zunächst *unter* dem passiven Ende hindurch und nicht darüber geführt wird, und gilt für alle Knoten, die sich aus einer ungeraden Zahl von Bewegungsschritten zusammensetzen.

Man nimmt im Allgemeinen an, dass der Four-in-hand bis in die Zwanzigerjahre, als man begann, Krawatten diagonal zu schneiden, der einzige Knoten war, der benutzt wurde. Doch die auf Seite 66 abgebildete Krawatte, die *Pearsall's Illustrated Handbook for Knitting in Silks* (1904) entnommen ist, weckt Zweifel an dieser vermeintlichen Ausschließlichkeit. Auf den ersten Blick scheint es sich um einen Four-in-hand zu handeln, doch bei genauerer Betrachtung erkennt man, dass dies nicht der Fall ist. Wie der Oriental neigt sich auch der abgebildete Knoten zum aktiven Ende hin, während ein Four-in-hand sich zum passiven Ende hin neigt. Obgleich sich diese beiden Knoten bei der fertig gebundenen Krawatte nur schwer auseinander halten lassen, geht doch aus *Pearsall's Handbook* hervor, dass der Oriental zu Beginn des zwanzigs-

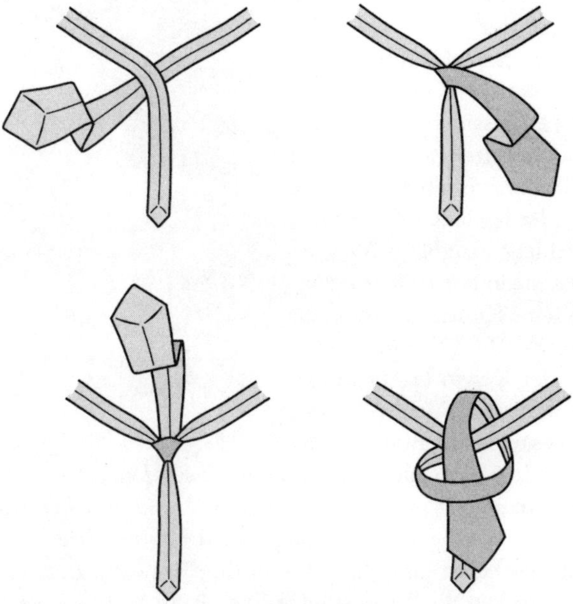

ten Jahrhunderts recht beliebt war.

Der Oriental hat seine Schwächen: Wenn man nicht aufpasst, kann er eine klobige Form annehmen, und auf Grund seiner einfachen Struktur kann er sich mit der Zeit lockern. Sein Hauptvorteil ist seine geringe Größe, und so kann es passieren, dass er sich bei Krawatten aus schwerem Stoff, etwa gewebten, gestrickten oder wollenen Kreationen, als einzig gangbarer Weg erweist, sie in Form zu bringen.

KNITTED SAILOR'S-KNOT TIE (NARROW), IN DOUBLE KNITTING, STRIPED OR PLAIN.

Materials:—If Plain, 1 oz. Ball Pearsall's "Extra Quality" or "Empress" Knitting Silk. If Striped, ½ oz. Ball in addition of the colour stripe desired. 2 Needles, No. 18.

(*This Tie is about 1¼ inches wide.*)

THE directions below are for horizontal stripes, but if the Tie is desired plain, the stripes can be omitted, *i.e.* the rows in colour B should be worked with colour A.

Cast on, in colour A, 30 stitches. Double knitting is worked as follows:—Silk in front, slip 1, silk back, knit 1. This is repeated throughout. Work 6 rows colour A, 1 row colour B, 2 rows A, 1 row B, 2 rows A, 1 row B. It must be remembered that in double knitting, a forward and backward row count as one. Work in these stripes for 18 inches. To decrease for the

N.B.—*The Instructions apply to Pearsall's Silks only.*

Aus Pearsall's Illustrated Handbook für Knitting in Silks, *1904*.

Kleine Knoten, wie etwa der Oriental, der Four-in-hand (2) und der Kelvin (3), benötigen nur einen kleinen Abschnitt der gesamten Krawatte, sodass ein Ende oder beide Enden möglicherweise zu lang bleiben. Alan Flusser rät in in seinem Buch *Style and the Man*: »Ihre Krawatte sollte niemals so lang sein, dass eines ihrer Enden über den Hosenbund fällt. Wenn Ihre Krawatte zu lang ist, dann stecken Sie das anstößige Ende in Ihre Hose nach Art Fred Astaires oder des Herzogs von Windsor. Der untere Teil wird dadurch verknittert, doch wenn Sie die Krawatte immer so tragen, wird sie wenigstens nur Ihren Kleiderschrank beleidigen.« Allerdings nur, wenn die Krawatte von einer Weste bedeckt wird. Sonst sollten Sie sie aufmachen und es nochmals probieren; sobald das Vorderteil die geeignete Länge hat, kann das passive Ende nötigenfalls zwischen zwei Knöpfen ins Hemd gesteckt werden.

CHARLIE CHAPLIN
(CHARLOT)
125

Knoten in vier Schritten — Ein Zentrum

Knoten 2 (Four-in-hand) — L⊗R⊙L⊗Z⊙T

Der Four-in-hand ist heute der bekannteste und gebräuchlichste Knoten. Wegen seiner Einfachheit (und seiner Beliebtheit bei den Vätern) gehört die Einübung in die Technik, diesen Knoten zu binden, zum Ritual praktisch aller Jungen, die zum Mann werden. Leider nehmen sie sich als Männer nur selten die Zeit, weitere Knoten zu lernen.

Der Name »Four-in-hand« leitet sich wahrscheinlich von einem gleichnamigen Londoner Herrenklub im neunzehnten Jahrhundert her. Die Stammgäste des Four-in-hand-Klubs trugen den im neuen Stil geknoteten Langbinder, und der Name des Klubs ging schon bald auf den Knoten über. Einer anderen Version zufolge stammt der Name von der vierspännigen, also von vier Pferden gezogenen und einem Mann gelenkten Kutsche ab, die damals in Gebrauch war. Manche schreiben, mit den Knoten seien die Zügel an den Pferden befestigt worden, während andere behaupten, die Kutscher hätten sich ihre Schals in dieser Weise um den Hals geschlungen. Jedenfalls bezieht sich das Wort nicht auf die vier Handbewegungen, mit denen er gebunden wird.

Der Four-in-hand ist ein schmaler, spitz zulaufender Knoten, der, so François Chaille, »nicht übermäßig dreieckig sein sollte: Eine Spur von Asymmetrie verleiht ihm einen heilsamen Hauch von Poesie.« Obwohl er normalerweise eher aus Nachlässigkeit getragen wird, bewundern ihn manche Kenner wegen seines eigenen ästhetischen Reizes. »Es ist der kleinste und exakteste Knoten, und er war in den letzten fünfzig Jahren des Hauptelement des natürlichen Kleidungsstils«, schreibt Alan Flusser in seinem Buch *Style and the Man*.

Onassis. Der griechische Großreeder Aristoteles Onassis trug eine ungewöhnliche Variante des Four-in-hand, bei wel-

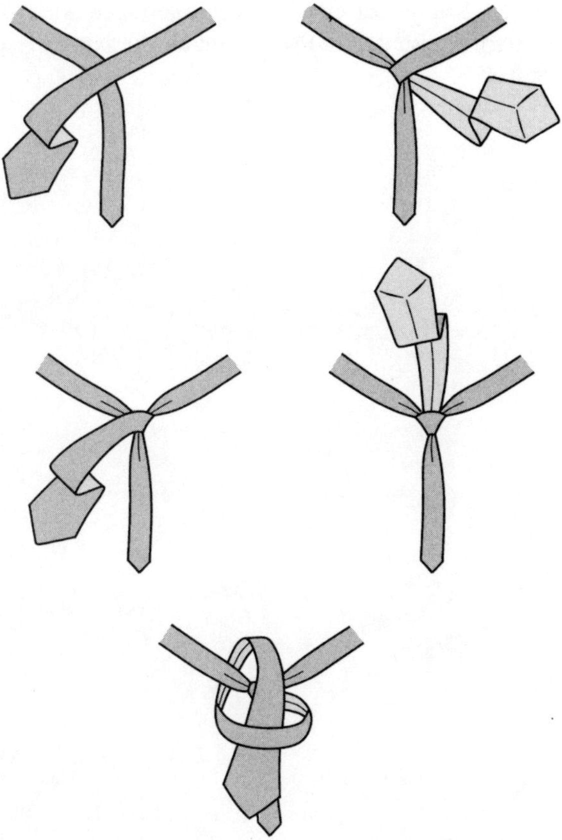

cher der Knoten vollkommen verdeckt wird, indem man das breite Ende des fertigen Four-in-hand nach rechts hinter den Knoten zurückführt und durch das Zentrum nach vorn wirft, L⊗R⊙L⊗Z⊙TR⊗Z⊙, sodass es über den Knoten fällt. Dies führt jedoch nur dann zu einem befriedigenden Ergebnis, wenn der Knoten zu einem Kragen getragen wird, der so stark gespreizt ist, dass er Platz bietet für die ganze Breite der Krawatte.

Aristoteles Onassis trägt die nach ihm benannte Variation des Four-in-hand.

Knoten 3 (Kelvin) L⊙R⊗L⊙R⊗Z⊙T

Der Kelvin ist eine Erweiterung des Oriental (1), bei der das breite Ende ein zweites Mal um das schmale Ende geschlungen wird, bevor man es durch das Zentrum zieht. Dies führt zu einem schmalen, eleganten Knoten, der etwas voller und symmetrischer ist als der Four-in-hand (2). Wenn irgendein Knoten jemals die Vorherrschaft des Four-in-hand bedrohen sollte, dann hat der Kelvin die besten Chancen.

Der Diagonale. Bindet man den Kelvin derart, dass das breite Ende durch beide seiner vorangegangenen Törns geführt wird (L⊙R⊗L⊙R⊗Z⊙TT), zieht sich die Anordnung zu einem ungewöhnlichen Knoten zusammen, der als der »Diagonale« bezeichnet wird. Die Vorderseite des Knotens wird von zwei Abschnitten der Krawatte gebildet, die sich diagonal überlappen. Derselbe Knoten, durch eine andere Folge von Bewegungen erzeugt, findet sich in dem Buch *Fliegen und Krawatten* von Davide Mosconi und Riccardo Villarosa.

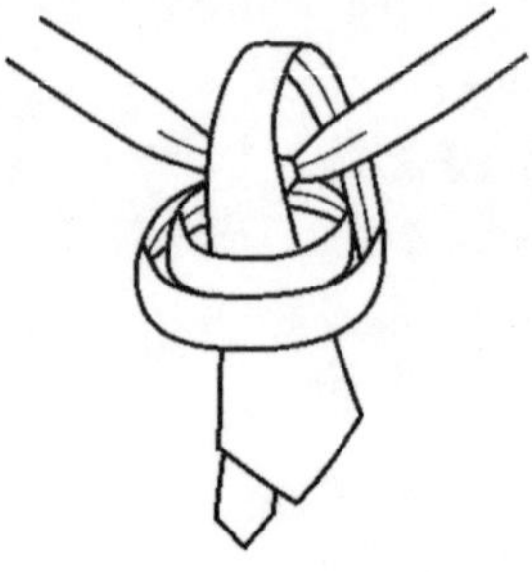

Die abschließende TT-Bewegung.

Fred Astaires Langbinder und Krawattennadel sind genauso tadellos wie seine Beinarbeit.

Zu schmalen Knoten – wie etwa den Knoten 1, 2, 3 und 6 – passt hervorragend eine Krawattennadel oder Kragenstange; diese Accessoires waren in der ersten Hälfte des zwanzigsten Jahrhunderts sehr beliebt und haben noch immer eine kleine Anhängerschaft. Die Kragenstange verbindet die Kragenflügel unterhalb des Knotens, stützt diesen ab und hebt ihn an, sodass die Krawatte gebauscht über das Hemd fällt.

Die frühere Beliebtheit von Kragenstangen und Krawattennadeln rührte weitgehend von der Notwendigkeit her, die schlecht geknoteten Four-in-hands der damaligen Zeit zu sichern. Der »Major« beschreibt in seinem Buch *Clothes and the Man* (1900) sehr ausführlich die richtige Technik für das Einziehen einer Krawattennadel und schildert, welch verheerende Folgen es haben kann, wenn man dies versäumt: »Die Dame an seiner Seite fiel in Ohnmacht, das wohlabgestimmte Ensemble aus Kragen, Krawatte und Hemd war ruiniert, und das Verlöbnis ist mittlerweile gelöst«, schreibt er mahnend. »Dies möge Ihnen zeigen, wie töricht es ist, die Krawattennadel an der falschen Stelle zu tragen. Die richtige Stelle dafür ist etwa fünf Zentimeter vom Knoten entfernt.«

Knoten 4 (Nicky) L⊙Z⊗R⊙L⊗Z⊙T

Der älteste Beleg für den Nicky in einem Buch findet sich in Mosconis und Villarosas *Fliegen und Krawatten*. Die Autoren berichten, wie sich Ernesto Curami vom Krawattengeschäft Nicky in Mailand für ihn eingesetzt hat. »Eines Tages habe ich sogar ein Faltblatt drucken lassen, um meinen Kunden diesen Knoten zu erklären.« Allerdings scheint es, als habe sich der Nicky außerhalb Italiens nicht durchsetzen können.

Einige Jahre später machte ein Herr namens David Kelsall bei dem Versuch, einen Pratt-Knoten (5) zu binden, der im *Daily Telegraph* abgebildet war, einen Fehler, der zur Wiederentdeckung des Nicky führte. 1991 reichte er seine vermeintliche Entdeckung beim *Sunday Telegraph* zur Veröffentlichung ein. Der Knoten wurde »Super-Pratt« genannt, doch Kelsall lehnte diese Bezeichnung ab und taufte den Knoten nach der Stadt in Buckinghamshire, in der er lebte, auf den Namen Olney (»Oney« ausgesprochen). Sein hauptsächlicher Vorteil gegenüber dem Pratt besteht darin, dass er sich glatt entknotet, wenn das schmale Ende herausgezogen wird, was auf die Vertauschung des abschließenden L⊙R⊗-Paares zurückzuführen ist.

Wenig später lobte die Guild of British Tie Makers eine Kiste Bordeaux aus. Gesucht wurde ein Knoten, der »sowohl elegant als auch leicht handhabbar« sei. Der Pratt und der Olney wurden von der Jury als »unwesentliche Variationen des beliebten Halben Windsor« abqualifiziert. Zu Unrecht. Der Bordeaux ist noch immer nicht vergeben.

Der Nicky ist ein stilvoller und vielseitig verwendbarer Knoten, dessen Größe zwischen der des Four-in-hand (2) und des Halben Windsor (7) liegt. Wie der Oriental (1) wird er zunächst mit der Naht nach außen vor dem Hals überkreuzt.

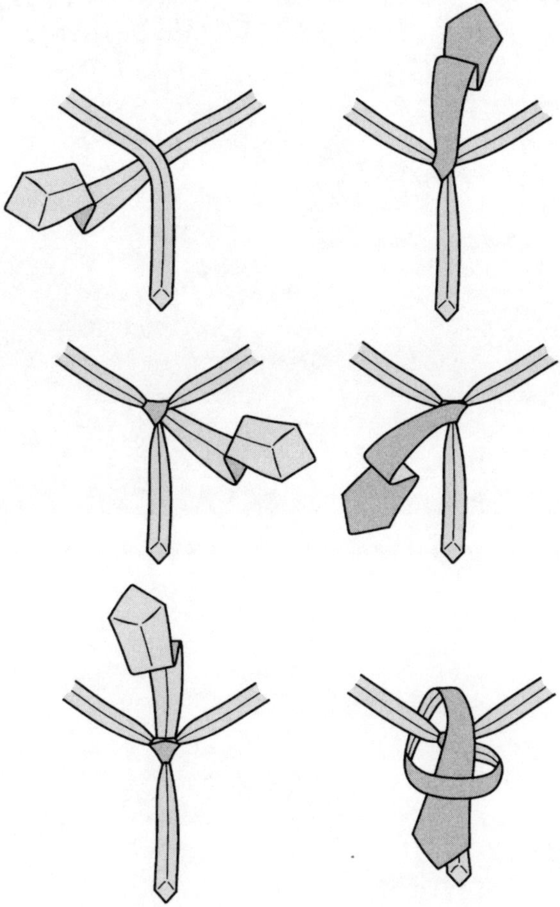

Klassischer James Bond: weißes Hemd und schwarze Seidenkrawatte.

Knoten 5 (Pratt) L⊙Z⊗L⊙R⊗Z⊙T

Abgesehen von den seit langem gebräuchlichen Four-in-hand (2), Windsor (31) und Halbem Windsor (7) ist der Pratt (der gelegentlich auch als »Shelby« bezeichnet wird) der einzige Knoten, der allgemeine Beachtung gefunden hat. Er wurde 1989 in der *New York Times* und im *Daily Telegraph* vorgestellt. Sein amerikanischer Erfinder, Jerry Pratt, hatte den Knoten bereits dreißig Jahre lang getragen, bevor ihn Don Shelby in einem lokalen Fernsehsender präsentierte. Der Pratt-Knoten ist eine Variante des Nicky (4) von ähnlicher Größe und Form, die sich allerdings beim Ziehen nicht vollständig auflöst.

Schon vor seiner eigentlichen Popularisierung, nämlich zur Zeit des Zweiten Weltkriegs, wurde er gelegentlich in Amerika getragen, wo er meist als »umgekehrter Halber Windsor« firmierte. Der Name ist jedoch irreführend (und obendrein umständlich); der Pratt ist ebenso wenig die Umkehrung des Halben Windsor, wie der Halbe Windsor die Hälfte des Windsor ist.

Vismara. Mosconi und Villarosa beschreiben einen ungewöhnlichen Knoten, der erstmals in einer Publikation der Mailänder Firma Vismara aus den 1950er Jahren auftaucht. Bei genauerer Betrachtung erweist sich der Knoten jedoch als ein Pratt, der mit der Innenseite nach außen getragen wird.

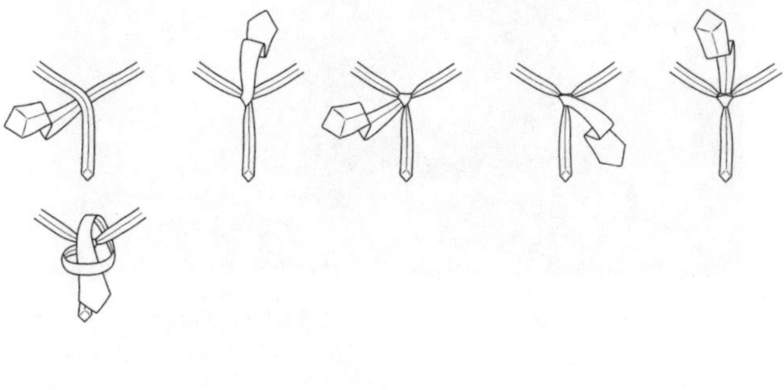

Knoten 6 (Viktoria) L⊗R⊙L⊗R⊙L⊗Z⊙T

Der Viktoria verhält sich zum Four-in-hand (2) wie der Kelvin (3) zum Oriental: Das aktive Ende wird ein zweites Mal um den Knoten gewickelt, bevor es durch das Zentrum gezogen und durch die äußere Schlaufe gesteckt wird. Man erhält auf diese Weise einen Knoten, der in seiner Form dem Four-in-hand gleicht, aber voluminöser wirkt, sodass er sich vor allem für dünne oder abgetragene Krawatten eignet.

Der Viktoria wird gewöhnlich als Variation des so genannten Prince Albert (siehe unten) beschrieben. Clifford Ashley führt ihn jedoch in seinem *Ashley-Buch der Knoten* als eigenständige Knotenform. »Wenn der Stoff, aus dem ein Langbinder gefertigt ist, recht dünn ist, kann man drei statt zwei Törns machen, wenn man den Knoten anfängt. Das

Joseph Conrad mit einem Prince-Albert-Knoten.

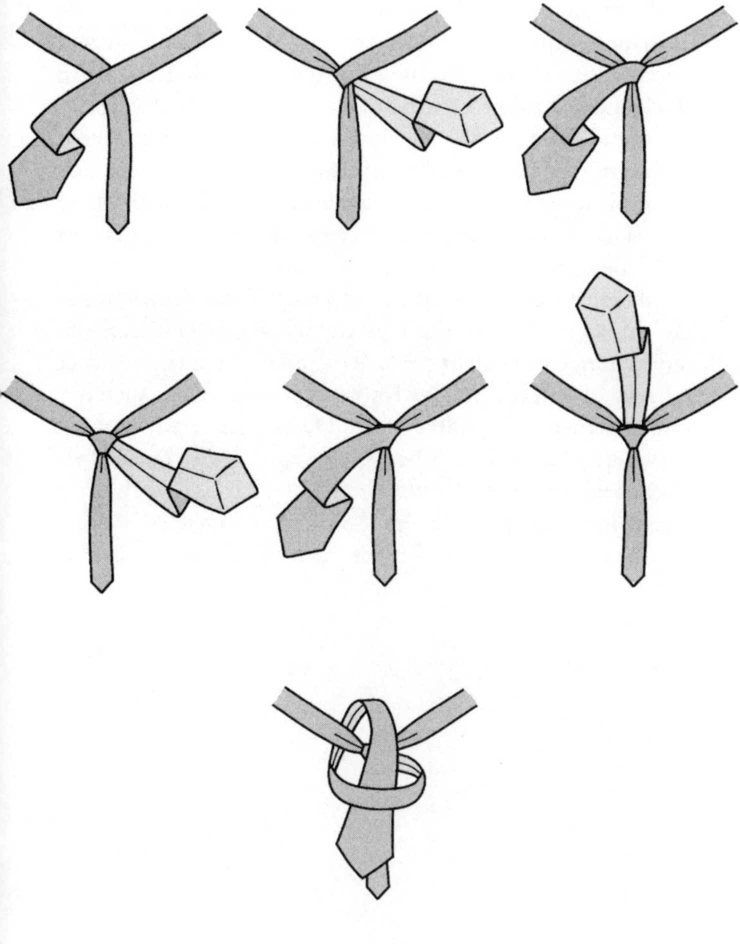

Ende wird jedoch beim abschließenden Einstecken nach unten immer nur unter dem letzten beziehungsweise obersten Törn durchgesteckt.« Von den über dreitausend in Ashleys Standardwerk aufgelisteten Knoten sind nur zwei reine Krawattenknoten: der Oriental und der Four-in-hand.

Prince Albert. Führt man das aktive Ende sowohl durch den ersten als auch durch den zweiten Törn (L⊗R⊙L⊗R⊙L⊗Z⊙TT), erhält man eine Variante des Viktoria, die »Prince Albert« genannt wird. Es ist allerdings nicht verbürgt, dass der Gemahl von Königin Viktoria tatsächlich diesen Knoten trug; ja, es ist sogar unwahrscheinlich, da er 1861 starb und der Langbinder erst in den folgenden Jahren in Mode kam.

Obgleich der Prince Albert in seiner Form dem Viktoria gleicht, kann man ihn leicht an der teilweise sichtbaren ersten Schlinge über dem schmalen Ende erkennen, wenn er korrekt ausgeführt ist. Der Knoten hat – und sei es auch nur wegen seiner Originalität – eine kleine, aber treue Anhängerschaft. »Der Prince Albert ist das vorzügliche Beispiel eines äußerst originellen Knotens, der niemals lächerlich wirkt – ganz im Gegenteil. Um die Wahrheit zu sagen, es ist mein Lieblingsknoten für Langbinder«, schreibt François Chaille.

Präsident Franklin Roosevelt.

Knoten 7 (Halber Windsor) L⊗R⊙Z⊗L⊙R⊗Z⊙T

Der Halbe Windsor ist wohl der vielseitigste aller Krawattenknoten. Seine zwischen dem Four-in-hand (2) und dem Windsor (31) liegende Größe passt gut zu den meisten Kragen, und seine einfache, symmetrische Form spricht viele Krawattenträger an. Der Knoten wirkt in einer leichten oder abgetragenen Krawatte dezent, in einer schweren Seiden- oder Wollkrawatte dagegen recht voll.

Ungeachtet seines Namens ist der Halbe Windsor nicht halb, sondern vielmehr drei viertel so groß wie der Windsor. (Hätte dieser wirklich die doppelte Größe, wäre er ein sehr üppiger Knoten mit der Folge L⊗R⊙Z⊗L⊙R⊗Z⊙L⊗R⊙Z⊗L⊙R⊗Z⊙T.) Dies weckt Zweifel an der Herkunft des gesamten Namens. Nichts deutet darauf hin, dass der Halbe Windsor aus dem Windsor hervorgegangen ist.

»Wenn der Krawattenstoff es erlaubt (etwa wenn es sich um Twill- oder Jaquardseide handelt), lässt sich ein reizvoller Effekt erzielen, indem man mit dem Zeigefinger unmittelbar unterhalb des Knotens einen kleinen, nach innen gewölbten Hohlraum drückt. Die Franzosen bezeichnen diesen Hohlraum als *cuillère*, was ›Löffel‹ heißt«, schreibt Chaille. Ein solches Grübchen kann einem wohlgebundenen Knoten den letzten ästhetischen Feinschliff verleihen, der am besten zu breiten Krawatten passt. Ein Beispiel dafür ist die Krawatte von Roosevelt auf Seite 83.

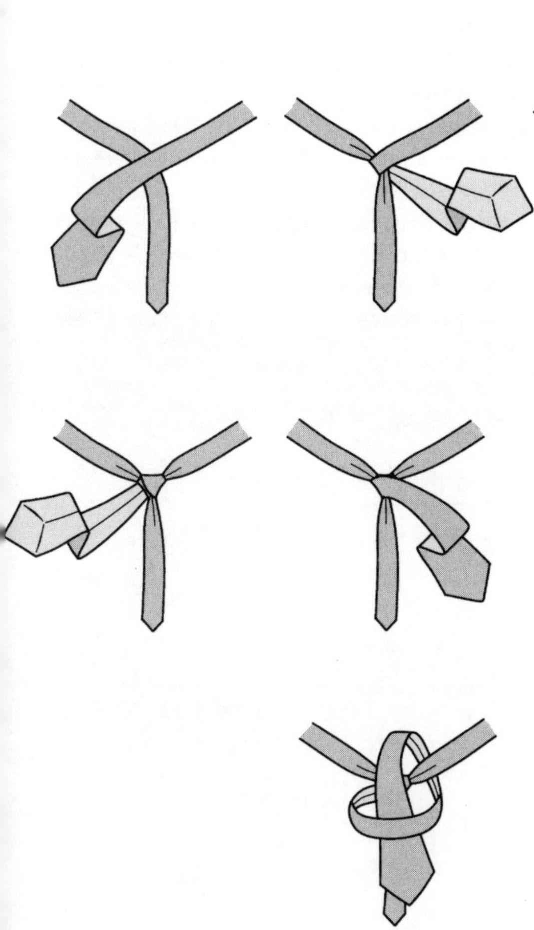

Knoten 8 L⊗R⊙Z⊗R⊙L⊗Z⊙T

Viele Krawattenknoten sind hauptsächlich deshalb nicht exakt definiert, weil ihre Ursprünge im Dunkeln liegen. Zudem widersprechen sich die einschlägigen Publikationen häufig. Krawattenknoten werden nach wie vor als Teil der kulturellen Tradition weitergegeben.

Da überrascht es nicht, dass verschiedene Männer verschiedene Knoten unter demselben Namen kennen. Solche Knoten unterscheiden sich in der Regel dadurch, dass bei ihnen eine oder mehrere RL- beziehungsweise LR-Gruppen vertauscht sind; in diesem Fall werden die Knoten als abgeleitete Varianten bezeichnet. Knoten 8 ist eine abgeleitete Variante des Halben Windsor (7) und wird manchmal statt seiner gebunden.

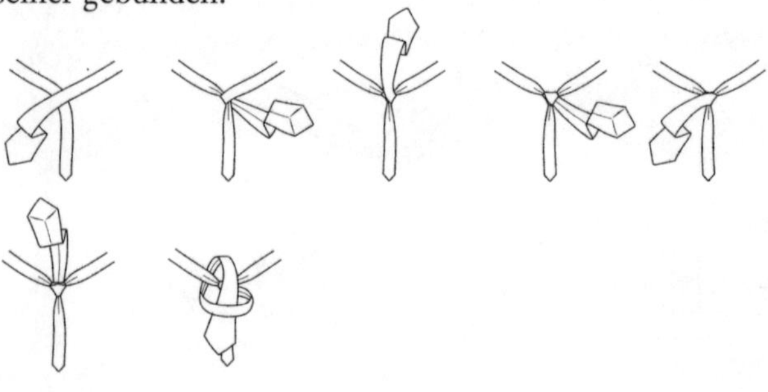

Knoten 9 L⊗Z⊙R⊗L⊙R⊗Z⊙T

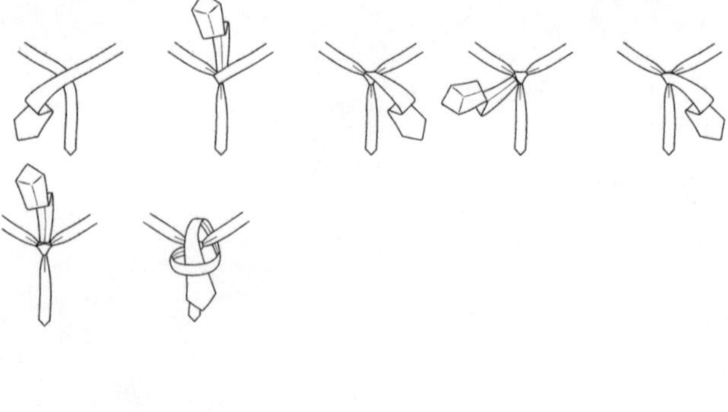

Knoten 10 L⊗Z⊙L⊗R⊙L⊗Z⊙T

Dieser Knoten ist nicht zuletzt wegen seiner Asymmetrie der unansehnlichste seiner Klasse.

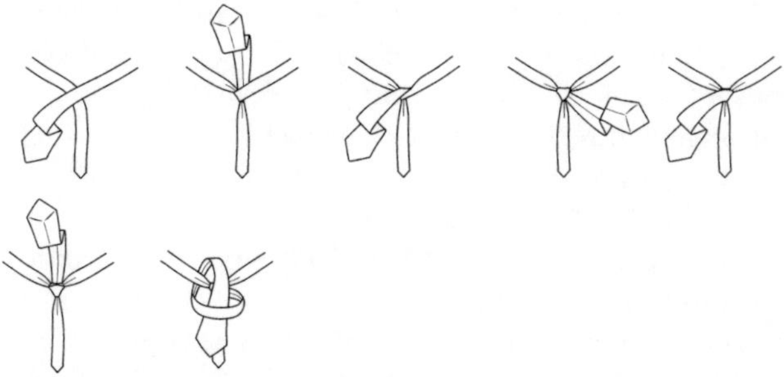

Knoten in sieben Schritten Ein Zentrum

Knoten 11 L⊙R⊗L⊙R⊗L⊙R⊗Z⊙T

Wir begegnen hier erstmals einer Klasse von Knoten, von denen keiner ästhetischen Maßstäben genügt. Beim Viktoria (6) wird das aktive Ende zweieinhalbmal um das passive Ende geschlungen; der dreimal um das passive Ende gewickelte Knoten 11 dagegen hat eine so ausgeprägt zylindrische Form, dass er wenig ansprechend wirkt. Außerdem ist er unausgewogen und neigt dazu, seine Form zu verlieren. Die Klassen (8, 1) und 9, 1) werfen dasselbe Problem in noch größerem Maße auf.

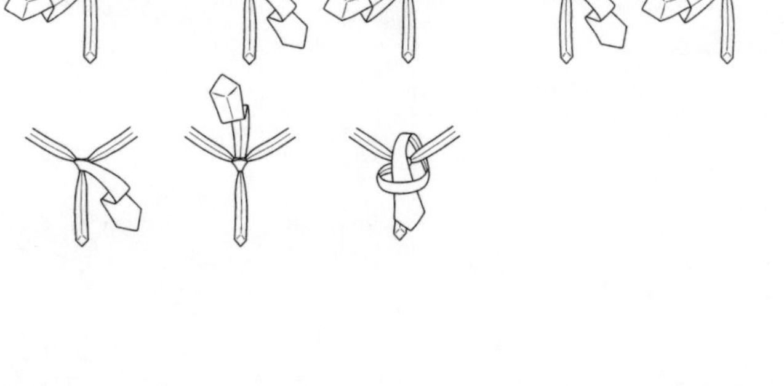

Knoten 12 (St. Andrew) L⊙R⊗L⊙Z⊗R⊙L⊗Z⊙T

Der St. Andrew nimmt hinsichtlich seiner Größe eine mittlere Position zwischen dem Halben Windsor (7) und dem Windsor (31) ein, allerdings ist er schmaler als beide. Er sitzt leicht schief am Kragen, obgleich er nicht so asymmetrisch ist wie der Four-in-hand. Wird er straff gebunden, besitzt er eine beachtliche Tiefe, sodass er deutlich hervortritt und schön fällt. »Er hat eine gefällige Falte und wirkt ansprechend-extravagant – eignet sich mithin nicht für einen Wirtschaftsprüfer, wohl aber für einen Investmentbanker«, kommentiert Mark Henderson, der Geschäftsführer des Herrenausstatters Gieves and Hawkes.

Ein korrekt ausgeführter Knoten lässt die Krawatte leicht vom Hals abstehen, sodass sie einen leicht nach außen gewölbten Bogen beschreibt, bevor sie auf die Brust fällt. Man kann diesen Effekt dadurch erzielen, dass man die Krawatte sachte um den Hals strafft und den Knoten in den Kragen zieht. Wie präzise sich ein Knoten in Form ziehen lässt, hängt von der Dicke seines Futters ab.

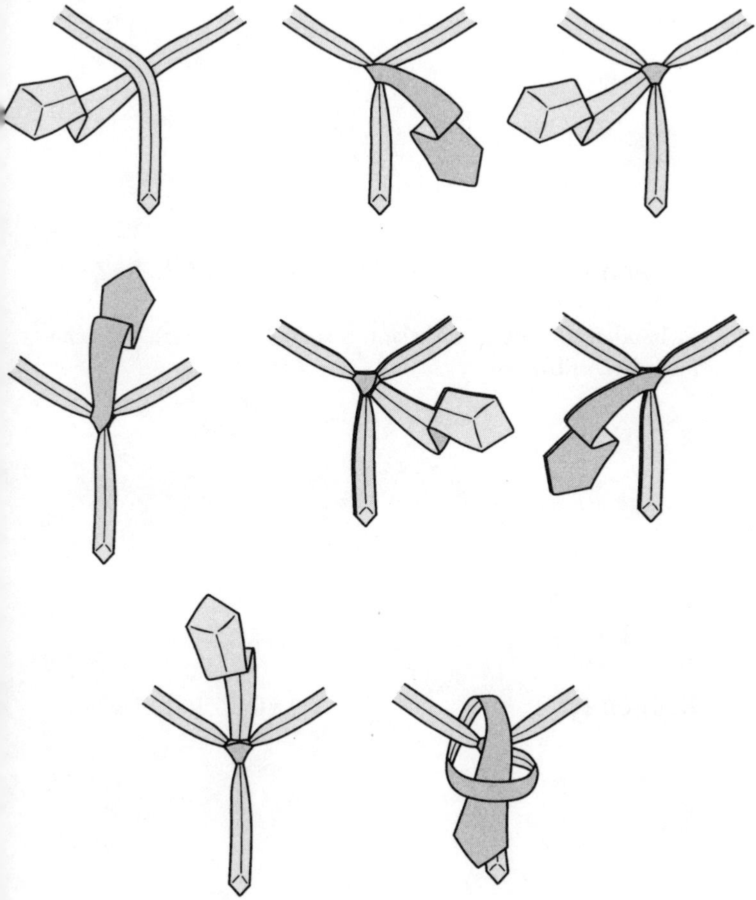

Knoten 13

L⊙R⊗Z⊙L⊗R⊙L⊗Z⊙T

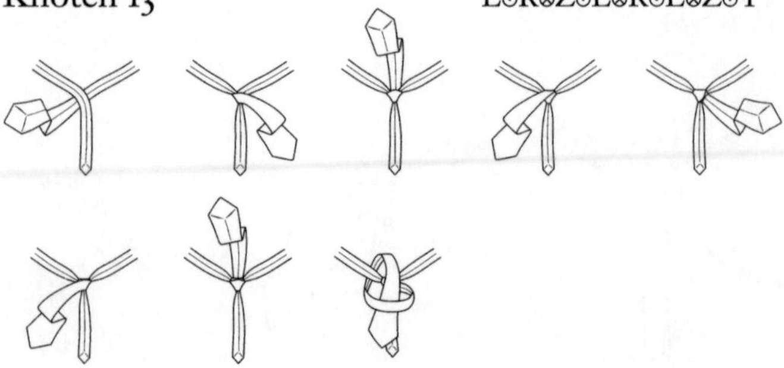

Knoten 14

L⊙R⊗L⊙Z⊗L⊙R⊗Z⊙T

Es handelt sich um eine Variante des St. Andrew (12), der sich nicht von selbst löst.

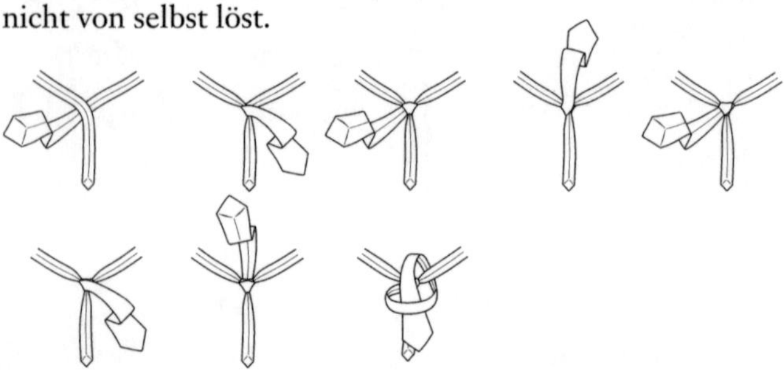

Knoten 15

L⊙R⊗Z⊙R⊗L⊙R⊗Z⊙T

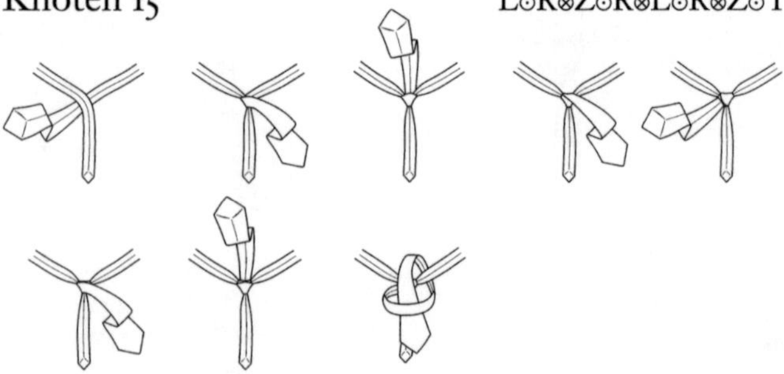

Knoten 16

L⊙Z⊗R⊙L⊗R⊙L⊗Z⊙T

Wenn die Knoten 16 und 17 mit TT statt mit T beendet werden, handelt es sich um kleinere Varianten des Christensen (25, 27), dessen Kennzeichen sein kreuzförmiges Motiv ist. Wie beim Christensen lässt sich die Kreuzform am besten mit geraden oder schmalen Krawatten binden.

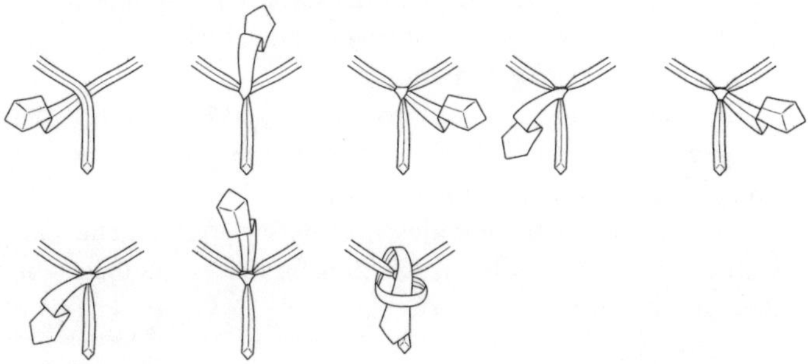

Knoten 17

L⊙Z⊗L⊙R⊗L⊙R⊗Z⊙T

Siehe Knoten 16

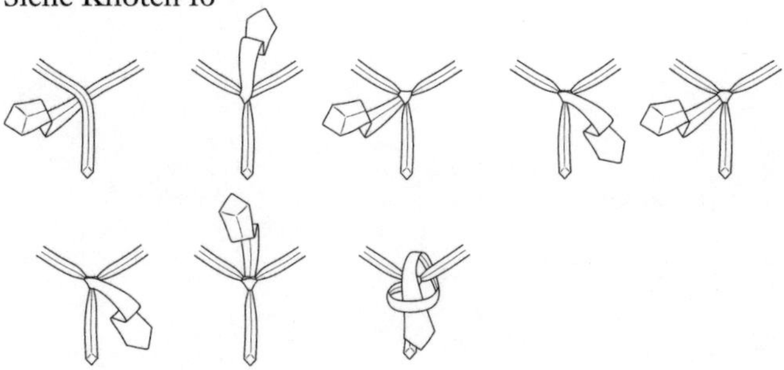

Knoten 18 (Plattsburgh) L⊙Z⊗R⊙Z⊗L⊙R⊗Z⊙T

Im Gegensatz zu den schmalen Varianten des St. Andrew (12) erzeugt der Plattsburgh einen symmetrischen Knoten, der durch einen breiten, umgekehrten Kegel mit schmaler Öffnung gekennzeichnet ist. Er ist der einzige Knoten mittlerer Größe, der ebenso voluminös – wenn auch nicht so auffällig – ist wie größere Krawattenknoten.

Die Autoren haben eine Vorliebe für den Plattsburgh, den sie gewöhnlich mit leichten bis mittelschweren Krawatten knüpfen und zu halb ausgeschnittenen Kragen tragen. Der Knoten eignet sich besonders gut dafür, abgetragene Krawatten, die andernfalls im Kleiderschrank verstauben würden, zu neuem Leben zu erwecken.

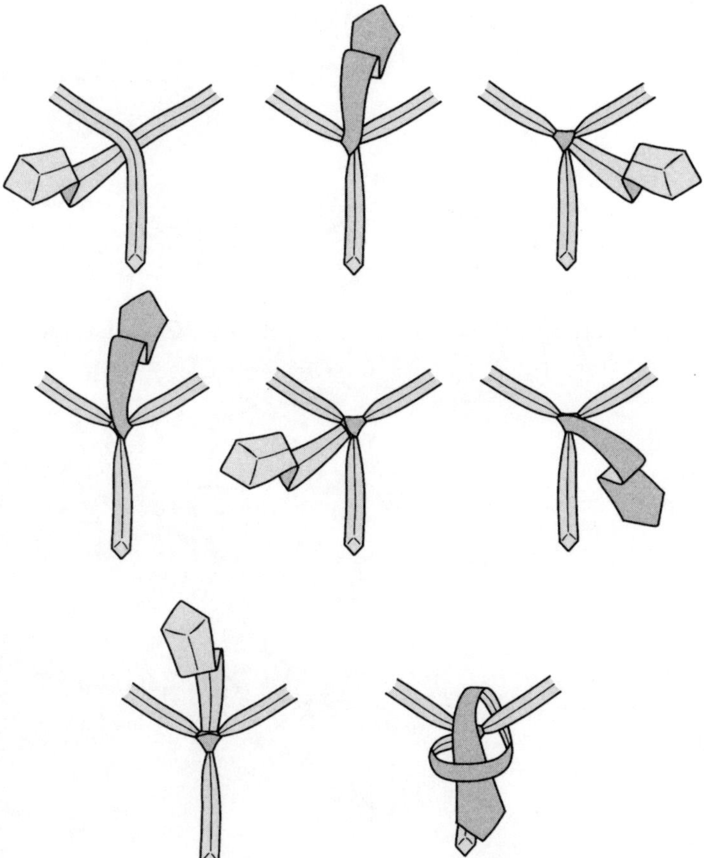

Knoten 19 — L⊙Z⊗R⊙Z⊗R⊙L⊗Z⊙T

Dies ist eine selbstlösende Variante des Plattsburgh (18).

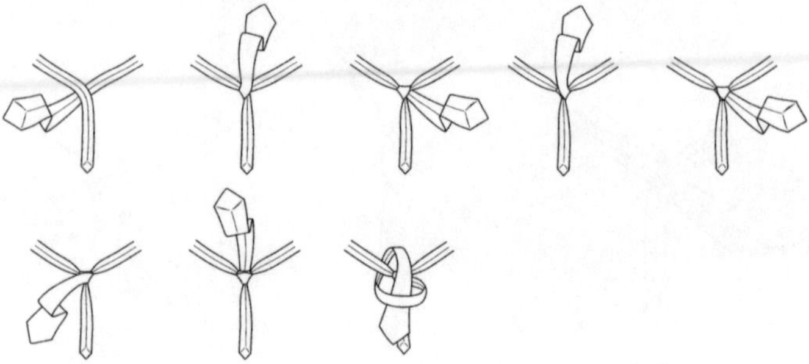

Knoten 20 — L⊙Z⊗L⊙Z⊗R⊙L⊗Z⊙T

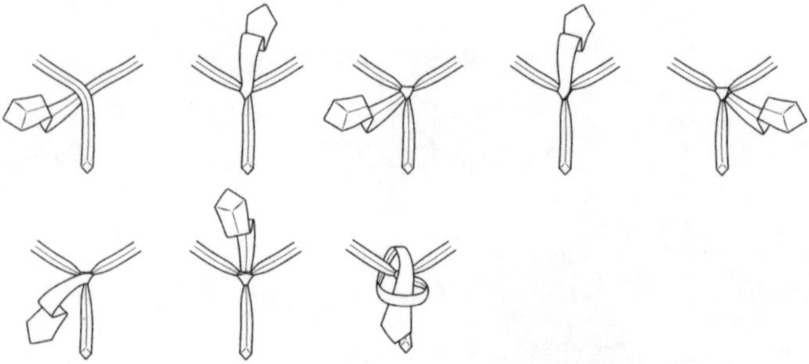

Knoten 21 — L⊙Z⊗L⊙Z⊗L⊙R⊗Z⊙T

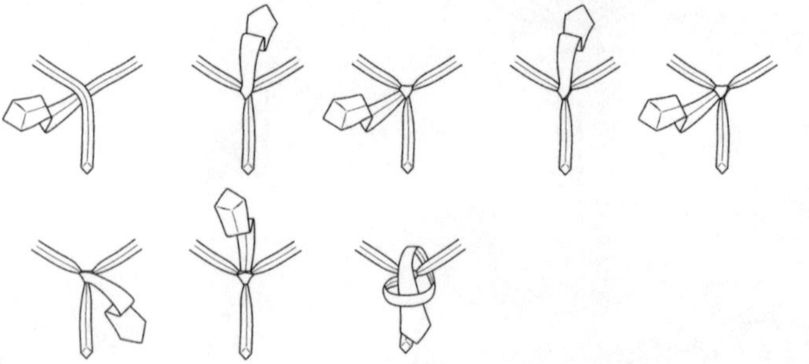

Knoten 22

L⊗R⊙L⊗R⊙L⊗R⊙L⊗Z⊙T

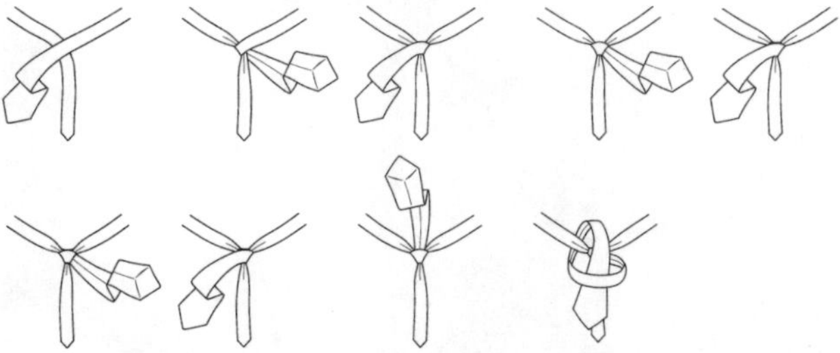

Cary Grant: hübsche Falten

Der Draufgänger: ein eleganter Clark Gable.

Der Standard-Four-in-hand-Knoten (Krawatte: Austin Reed)

Knoten 1 *(Oriental)*

Links und gegenüberliegende Seite: Alle Nahaufnahmen von Krawattenknoten zeigen Krawatten, die von T. M Lewin zur Verfügung gestellt wurden, und alle Krawatten haben genau das gleiche Gewicht und Webmuster. Oben: Krawatte von Gieves & Hawkes.

Knoten 2 *(Four-in-hand)*

Knoten 3 *(Kelvin)*

Knoten 4 *(Nicky)*

Knoten 6 *(Viktoria)*

Knoten 7 *(Halber Windsor)*

Knoten 12 *(St. Andrew)*

Knoten 18 *(Plattsburgh)*

Knoten 23 *(Cavendish)*

Die Kleiderpuppe vergleicht (von links nach rechts) die Vorzüge des Four-in-hand, des Plattsburgh und des Kelvin (alle Krawatten von Gieves & Hawkes).

Knoten 31 *(Windsor)*

Knoten 44 *(Grantchester)*

Oben: Alle Krawatten vo[n] Gieves & Hawkes. Rechts[:] Die Kleiderpuppe trägt de[n] größten und den kleinste[n] ästhetischen Knoten in einer Krawatte, die von Tie Rack zur Verfügung gestellt wurde. Folgende Seite: Alle ästhetischen Knoten in Krawatten vo[n] T. M. Lewin.

Knoten 54 *(Hanover)*

Knoten 78 *(Balthus)*

Vom Oriental …

… zum Balthus

Knoten 6
(Viktoria)

Knoten 1
(Oriental)

Knoten 4 *(Nicky)*

Knoten 3 *(Kelvin)*

Knoten 31
(Windsor)

Knoten 2 *(Four-in-hand)*

Knoten 23 *(Cavendish)*

Knoten 18 *(Plattsburgh)*

Knoten 78
(Balthus)

Knoten 12 *(St. Andrew)*

Knoten 54
(Hanover)

Knoten 7
(Halber Windsor)

Knoten 44
(Grantchester)

Knoten in acht Schritten Zwei Zentren

Knoten 23 (Cavendish) L⊗R⊙L⊗Z⊙R⊗L⊙R⊗Z⊙T

Obgleich der Cavendish genauso groß ist wie der Windsor (31), hat er ein völlig anderes Aussehen. Bei genauerer Analyse seiner Bewegungsfolge zeigt sich, dass man den Knoten als eine Verkettung zweier Four-in-hand (2) betrachten kann, wobei der eine das Spiegelbild des anderen ist. Dies verleiht ihm eine ähnliche Form: Wie der Four-in-hand bildet er ein schmales Dreieck. Die leichte Asymmetrie verdankt sich dem zweiten Four-in-hand, der, tiefer am aktiven Ende gebunden, dominant ist. »Ein Four-in-hand mit Volumen«, charakterisiert Luke Howard, der die meisten der hier vorgestellten fünfundachtzig Knoten ausprobiert hat, den Cavendish. »Ich werde mit Sicherheit keinen einfachen Four-in-hand mehr binden.« Dieser Knoten ist ein vorzügliches Beispiel für einen großen Knoten, der besonders gut zu schmalen Kragen passt, obwohl er auch einen gespreizten Kragen in ansprechender Weise füllt.

Das Aussehen eines Knotens hängt ebenso sehr vom Gewebe und Gewicht der Krawatte ab wie von der bindetechnischen Bewegungsfolge. Mit einer leichten Krawatte gebunden, wirkt der Cavendish wie ein Four-in-hand in voluminösem Stoff. Der Herzog von Windsor pflegte einen Four-in-hand mit maßgeschneiderten dicken Krawatten zu binden, was dem Knoten das Aussehen eines Windsor verlieh. Im Allgemeinen unterstreichen grob gewebte, gewirkte und wollene Krawatten die Größe eines Knotens; Twill- und Satinkrawatten erzeugen kleinere Knoten. Mit der Zeit aber wird der Abschnitt der Krawatten, mit dem der Knoten gebunden wird, immer geschmeidiger und nachgiebiger, sodass er festere und kleinere Knoten erzeugt. Jedenfalls muss die Auswahl des Knotens immer auf den Stoff abgestimmt sein, mit dem er gebunden werden soll.

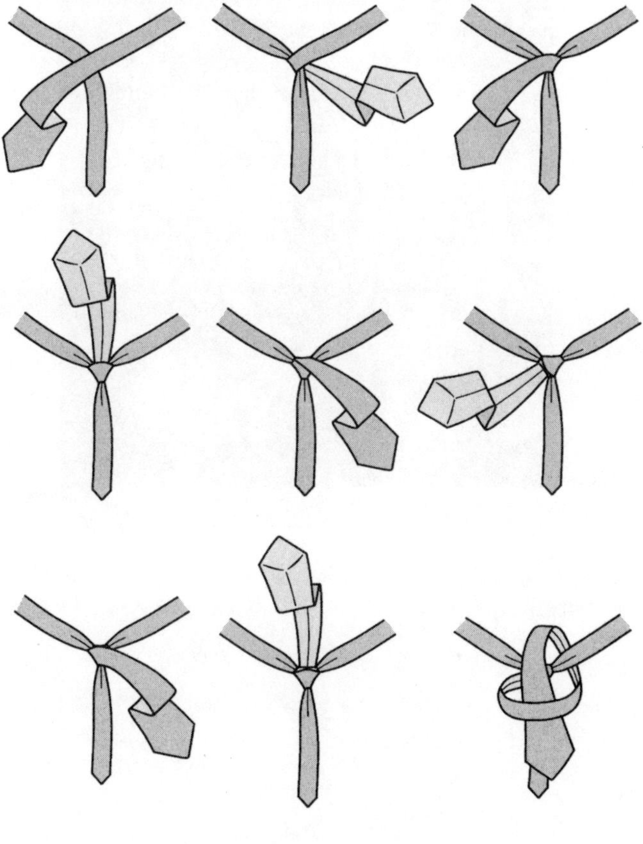

Der Teufel ist eine Frau: Marlene Dietrich.

Knoten 24

L⊗R⊙L⊗R⊙Z⊗L⊙R⊗Z⊙T

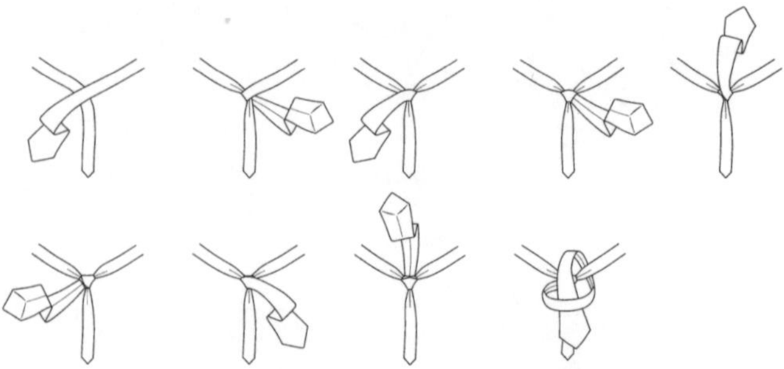

Knoten 25 (Christensen) L⊗R⊙Z⊗L⊙R⊗L⊙R⊗Z⊙T

Im Jahr 1917 zeigte das schwedische Versandhaus Stralin & Persson in seinem Katalog einen hübschen Knoten, der eine ungewöhnliche Kreuzform besaß. Leider enthielt der Katalog keine Angaben zur Bindetechnik. Einige Zeit später wurde der Katalog im Auftrag des schwedischen Krawattenherstellers Amanda Christensen neu aufgelegt, und daher firmiert der Knoten heute unter der Bezeichnung Christensen beziehungsweise Kreuzknoten.

Obwohl wir nicht sicher sein können, ist der Christensen wohl äquivalent zu den Knoten 25 oder 27, wobei das aktive Ende durch die beiden letzten Törns und nicht nur durch einen gezogen wird (also L⊗R⊙Z⊗L⊙R⊗L⊙R⊗Z⊙TT). Auch andere Knoten zeigen das schmale Kreuzmotiv, wenn sie auf gleiche Weise abgeschlossen werden: zwei der Größe 7 (Knoten 16 und 17) und zwei der Größe 9 (Knoten 45 und 49). Allerdings beginnen diese mit der Naht nach außen, eine Technik, die bis zur zweiten Hälfte des zwanzigsten Jahrhunderts unüblich war.

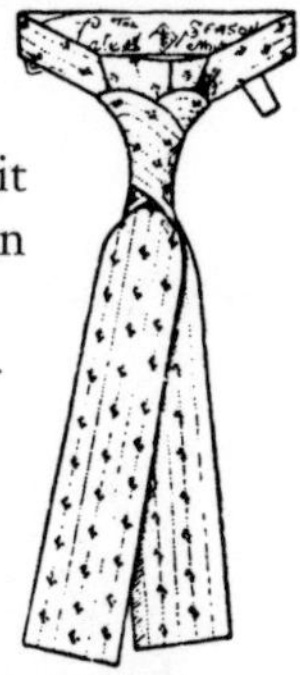

Wie die Abbildung rechts zeigt, war der Christensen ursprünglich für gerade geschnittene Krawatten gedacht, die heute eine Seltenheit sind; doch mit einer schmalen Krawatte sollte sich der gleiche Effekt erzielen lassen.

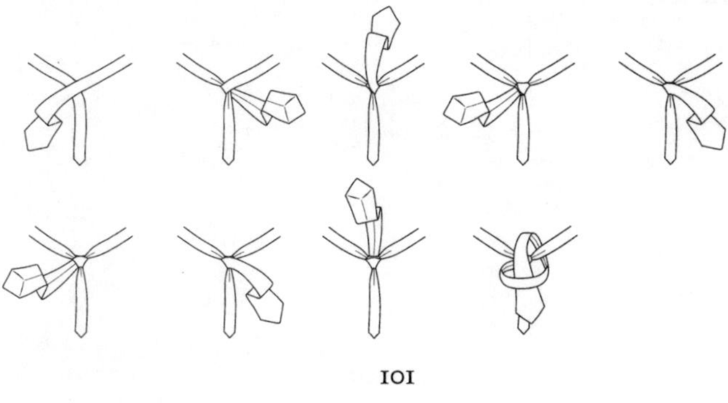

Knoten 26

L⊗R⊙L⊗R⊙Z⊗R⊙L⊗Z⊙T

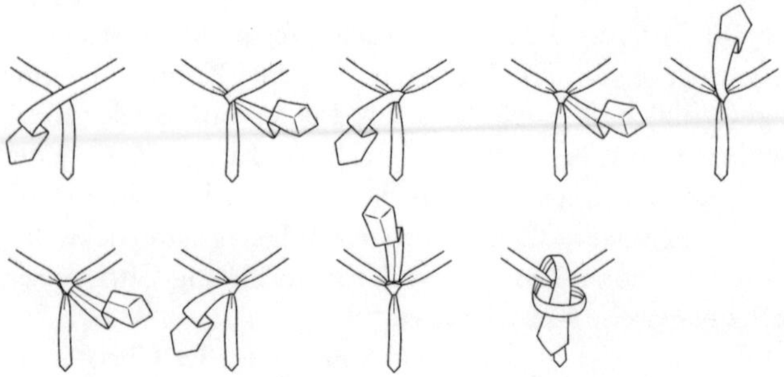

Knoten 27 (Christensen)

Siehe Knoten 25

L⊗R⊙Z⊗R⊙L⊗R⊙L⊗Z⊙T

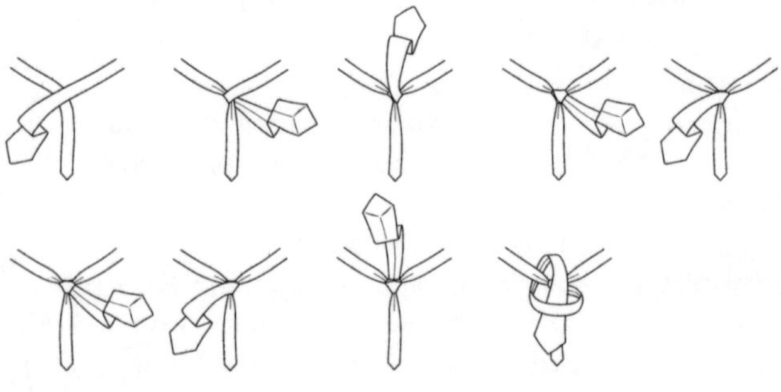

Knoten 28

L⊗Z⊙R⊗L⊙R⊗L⊙R⊗Z⊙T

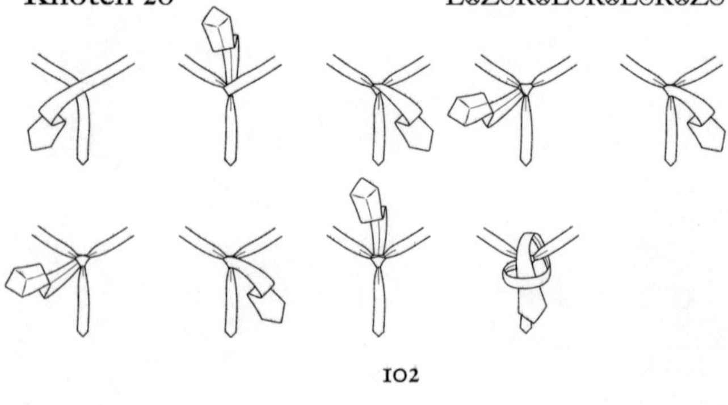

Knoten 29

L⊗R⊙L⊗Z⊙L⊗R⊙L⊗Z⊙T

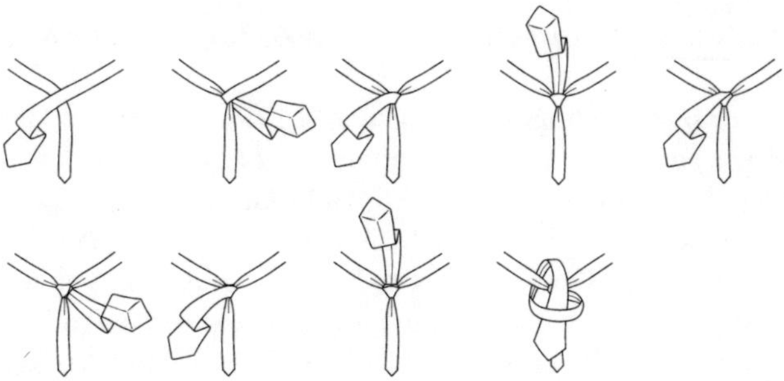

Knoten 30

L⊗Z⊙L⊗R⊙L⊗R⊙L⊗Z⊙T

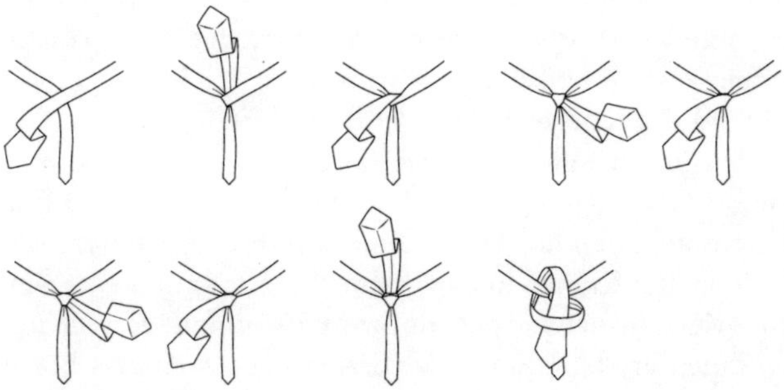

Knoten 31 (Windsor) L⊗Z⊙R⊗L⊙Z⊗R⊙L⊗Z⊙T

Als der in Modefragen tonangebende Prinz von Wales, der spätere Herzog von Windsor, in den 1930er Jahren Gefallen an großen Knoten fand, trugen bald Männer in allen Ländern Krawatten »mit dem beliebten Windsorknoten, der opulenter ist als der gewöhnliche Four-in-hand, sodass er den Zwischenraum in dem breiten gespreizten Kragen füllt«, schrieb *Esquire* im Jahr 1940. Mittlerweile ist er ein Klassiker von zeitloser Eleganz.

Es besteht Einigkeit darüber, dass der Herzog den Knoten, der seinen Namen trägt, nicht erfunden hat. Er hat ihn nicht einmal getragen. Der große Knoten, der sein Markenzeichen war, verdankte sich den maßgefertigten Krawatten aus dickem Stoff, mit denen er sie band. In seinen Memoiren *A Family Album* (1960) schreibt der Herzog, dass der »so genannte Windsorknoten in der Krawatte zu einem späteren Zeitpunkt in Amerika eingeführt [wurde]. Ich glaube, er war während des Krieges für G.I.'s vorgeschrieben, und zu dieser Zeit übernahmen ihn auch amerikanische College-Studenten. Doch damit hatte ich nicht das Geringste zu tun. Der Knoten, den die Amerikaner nach mir benannten, war ein doppelter Knoten in einer schmalen Krawatte – ein ›Slim Jim‹, wie er manchmal genannt wird. Es stimmt, dass ich immer einen großen Knoten bevorzugt habe, weil er schöner aussieht als ein kleiner. So erfand ich in den Zwanzigerjahren zusammen mit Mr. Sandford eine breite Krawatte, die durch ein besonders dickes Futter verstärkt wurde, um diesen Effekt zu erzeugen. Soweit ich weiß, wurde dieser besondere Stil in Amerika und anderen Ländern nicht übernommen.«

Die Begeisterung für den großen Knoten nahm in den Vierzigerjahren stetig zu. Der Name »Windsor« wurde bei-

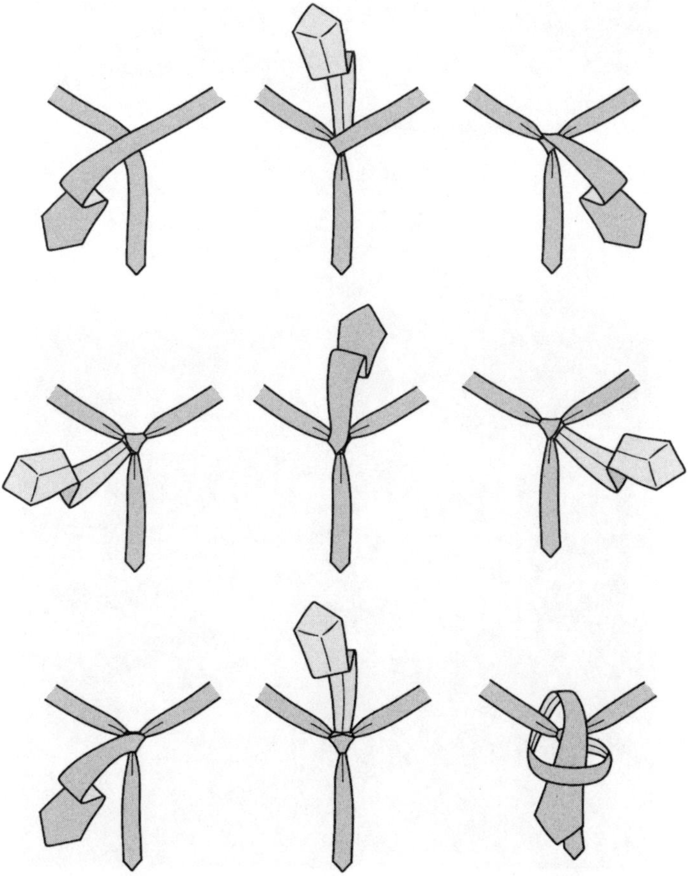

Frank Sinatra: Er bevorzugte einen Windsor.

behalten, obgleich der Cousin der Queen, Lord Lichfield, den Herzog in den Sechzigerjahren beim Binden seiner Krawatte fotografierte, um den alten Mythos zu zerstreuen. Der Knoten ist noch immer sehr beliebt, insbesondere bei den Südeuropäern.

Der Windsor ist ein fester, dreieckiger Knoten, der natürlich am besten zu einem (gespreizten) Windsorkragen passt – den der Herzog tatsächlich trug. Wer den ostentativen Zug des normalen Windsor nicht mag, kann jederzeit einen dezenteren Windsor binden, wenn er eine leichte oder durch langen Gebrauch geschmeidig gewordene Krawatte benutzt.

Knoten 32

L⊗Z⊙L⊗R⊙Z⊗L⊙R⊗Z⊙T

Wie der »Halbe Windsor« und andere Knotennamen wurde auch der »Windsor« zur Bezeichnung von mehr als einem Knoten benutzt. Dabei handelt es sich jedoch durchgängig um Varianten des Windsor, die durch Vertauschung von einer oder mehreren RL- beziehungsweise LR-Gruppen erzeugt werden. Die Knoten 32 (in besonderem Maße), 33 und 35 firmieren ebenfalls unter der Bezeichnung »Windsor«. Hier kommt es auf die feinen Unterschiede an.

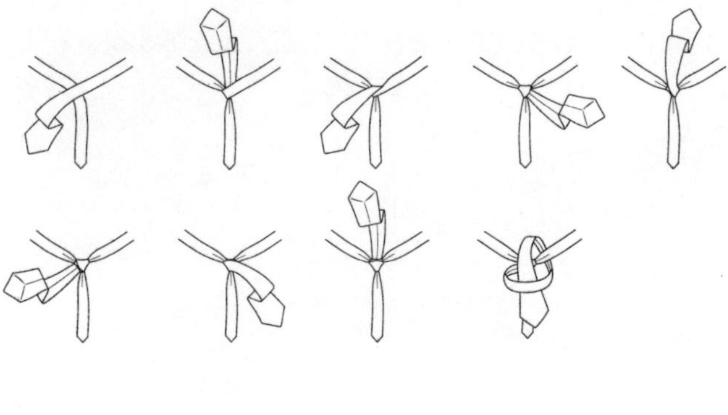

Knoten 33 Siehe Knoten 32 L⊗Z⊙R⊗L⊙Z⊗L⊙R⊗Z⊙T

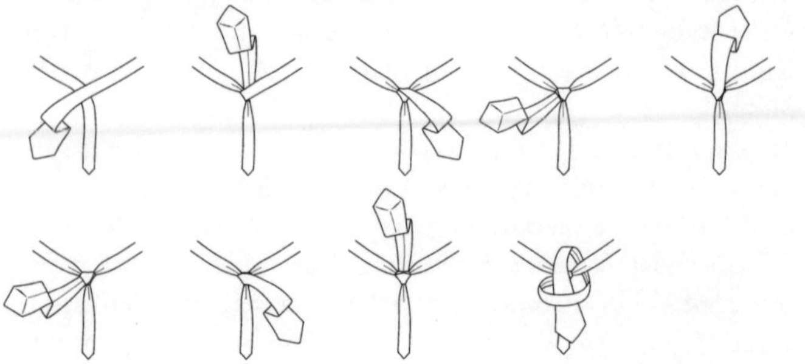

Knoten 34 L⊗R⊙Z⊗L⊙Z⊗R⊙L⊗Z⊙T

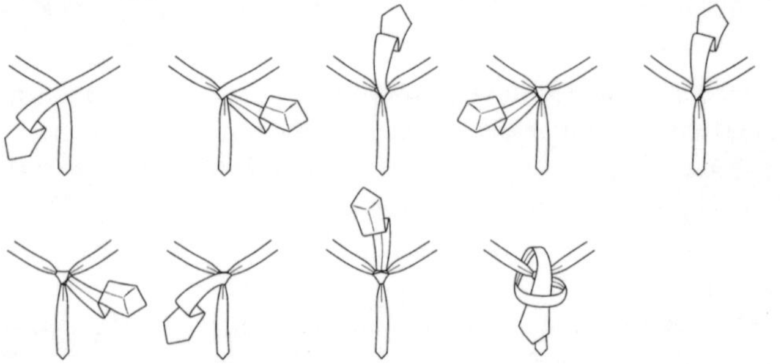

Knoten 35 Siehe Knoten 32 L⊗Z⊙L⊗R⊙Z⊗R⊙L⊗Z⊙T

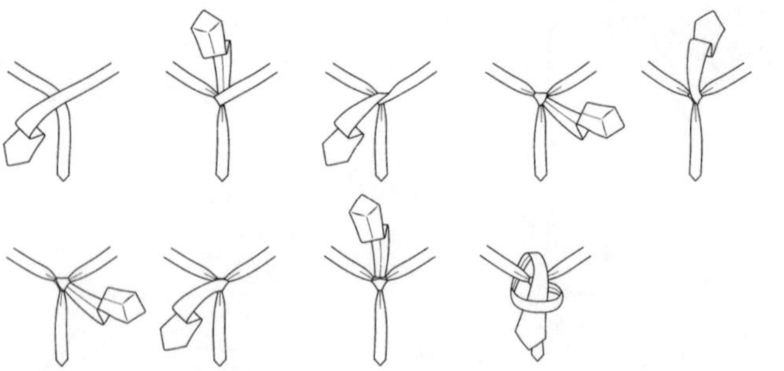

Knoten 36

L⊗R⊙Z⊗R⊙Z⊗L⊙R⊗Z⊙T

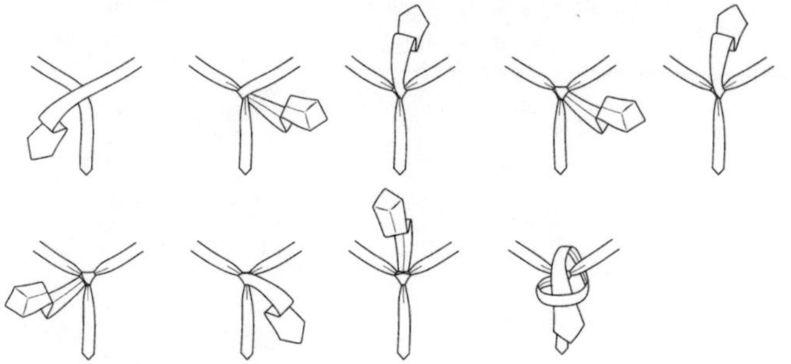

Knoten 37

L⊗R⊙Z⊗L⊙Z⊗L⊙R⊗Z⊙T

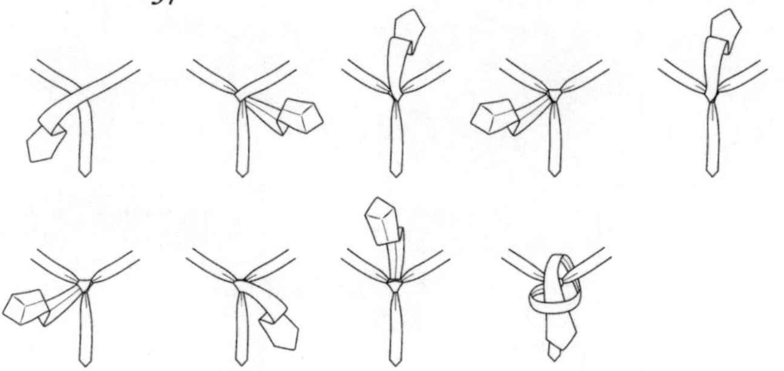

Knoten 38

L⊗Z⊙R⊗Z⊙L⊗R⊙L⊗Z⊙T

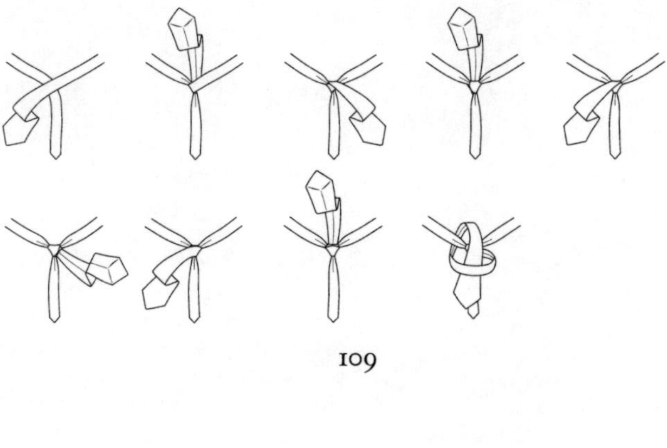

Knoten 39

L⊗R⊙Z⊗R⊙Z⊗R⊙L⊗Z⊙T

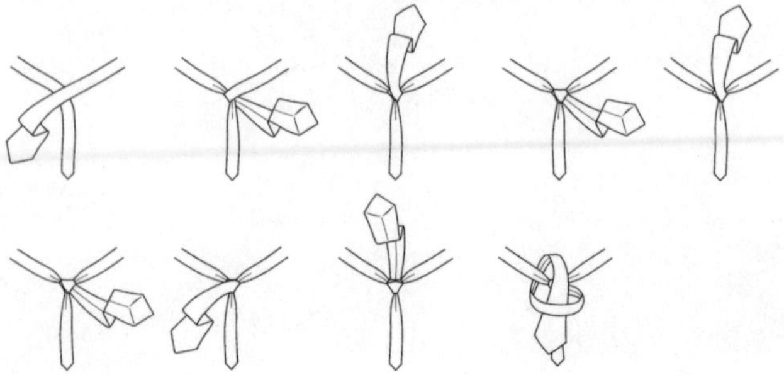

Knoten 40

L⊗Z⊙L⊗Z⊙R⊗L⊙R⊗Z⊙T

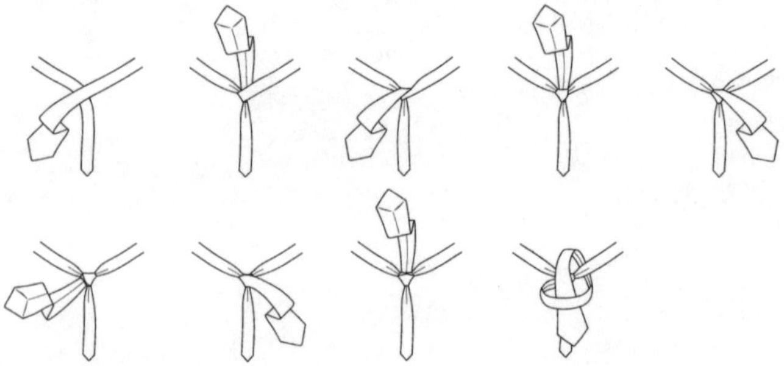

Knoten 41

L⊗Z⊙R⊗Z⊙R⊗L⊙R⊗Z⊙T

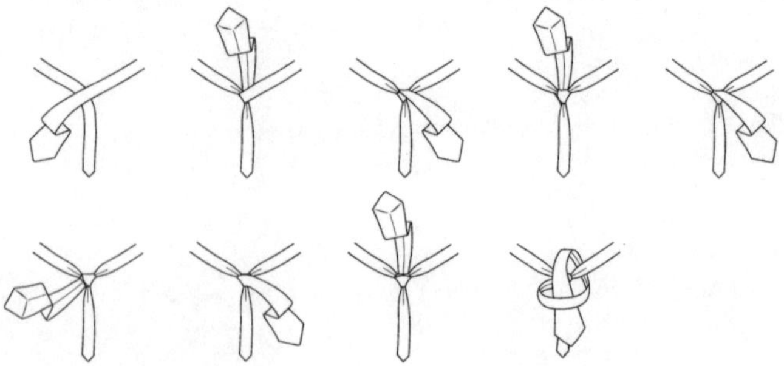

Knoten 42

L⊗Z⊙L⊗Z⊙L⊗R⊙L⊗Z⊙T

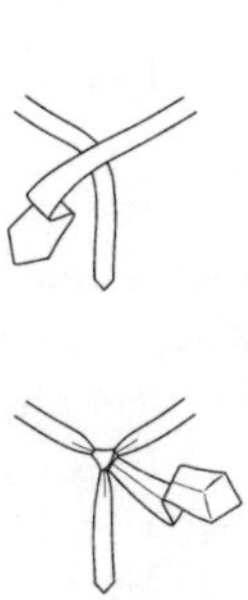

Knoten in neun Schritten

Ein Zentrum

Knoten 43

L⊙R⊗L⊙R⊗L⊙R⊗L⊙R⊗Z⊙T

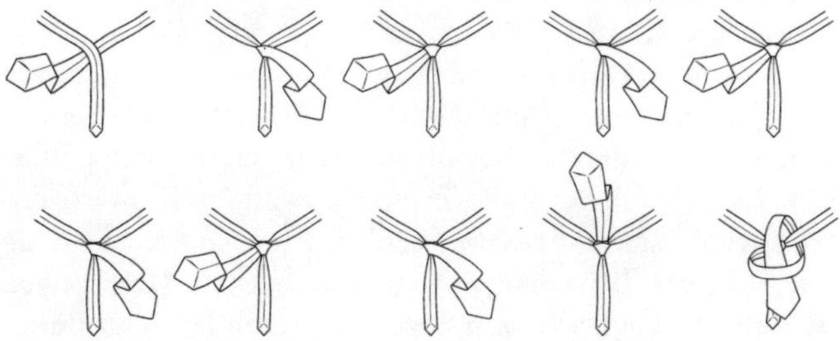

Knoten 44 (Grantchester) L⊙R⊗L⊙R⊗Z⊙L⊗R⊙L⊗Z⊙T

Seitdem der Herzog von Windsor seinen Four-in-hand durch maßgefertigte dicke Krawatten voluminöser gestaltete, haben große Knoten eine treue Anhängerschaft. »Die Krawatte mit dem großen Knoten trat in den Dreißigerjahren hervor«, heißt es in *Esquire's Encyclopedia of 20th Century Men's Fashion*, und der große Knoten »blieb bis weit in die Fünfziger- und Sechzigerjahre in Mode, als er mit dem Aufkommen der breiten Krawatte in Vergessenheit geriet.« Als die Herrenkleidung und die Krawatten wieder zu ihrer natürlichen Größe zurückkehrten, tauchte der Wunsch nach üppigen Knoten auf.

Der Grantchester ist der schmalste und unauffälligste der drei wichtigsten Neunschrittknoten (44, 54, 78). Man könnte ihn als eine Verkettung des Kelvin (3) mit einem Spiegelbild des Four-in-hand (2) betrachten, was uns einen Hinweis auf seine Größe, wenn auch nicht auf seine Form gibt.

Größere Knoten erfordern längere Krawatten, und man muss sorgfältig darauf achten, sie nahe genug am passiven Ende zu beginnen, damit die fertige Krawatte die geeignete Länge hat. Dadurch stößt die Knotengröße an eine praktische Grenze: Obgleich sie sich von Krawatte zu Krawatte unterscheidet, sollte die Krawattenlänge bei Knoten aus neun oder weniger Bewegungsschritten ausreichen. (Da können wir uns glücklich schätzen; läge die Grenze bei zehn Bewegungen, würde sich die Zahl unserer Knoten schlagartig von fünfundachtzig auf hundertsiebzig erhöhen.)

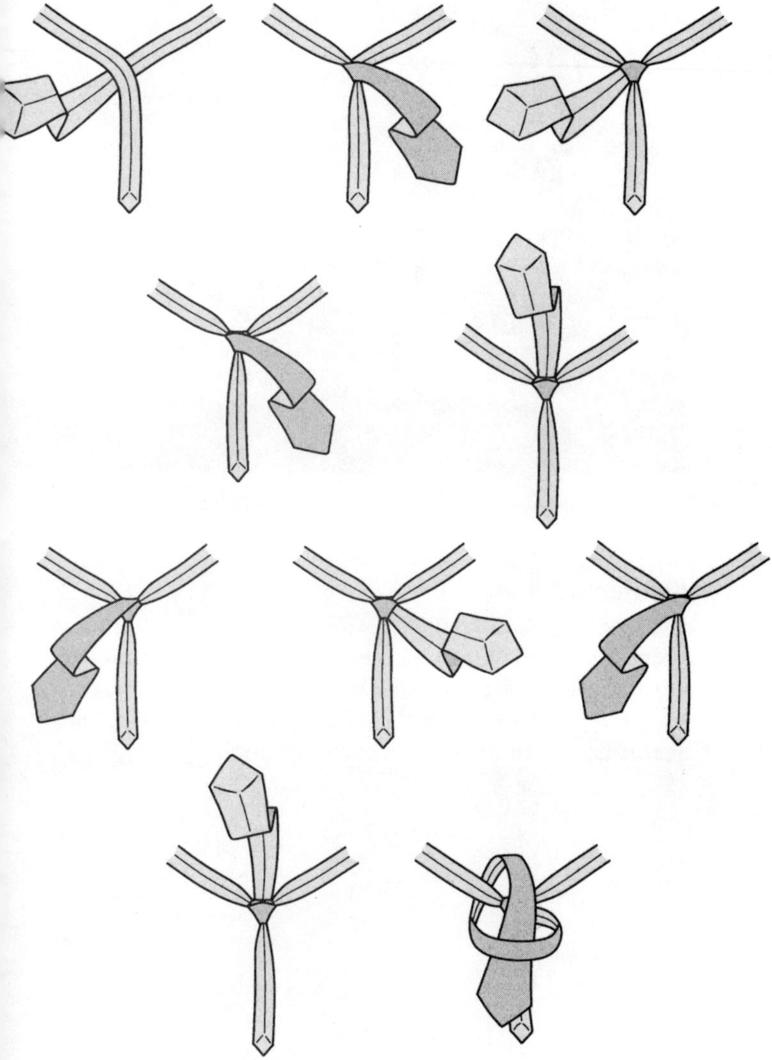

Laurel und Hardy: gleich gemustert, aber verschieden gewickelt!

Knoten 45

L⊙R⊗L⊙Z⊗R⊙L⊗R⊙L⊗Z⊙T

Wenn die Knoten 45 und 49 mit TT statt T abgeschlossen werden, zeigen sie das gleiche Kreuzmotiv wie der Christensen (25, 27), aber mit mehr Fülle. Sie lassen sich am besten mit geraden oder schmalen Krawatten ausführen.

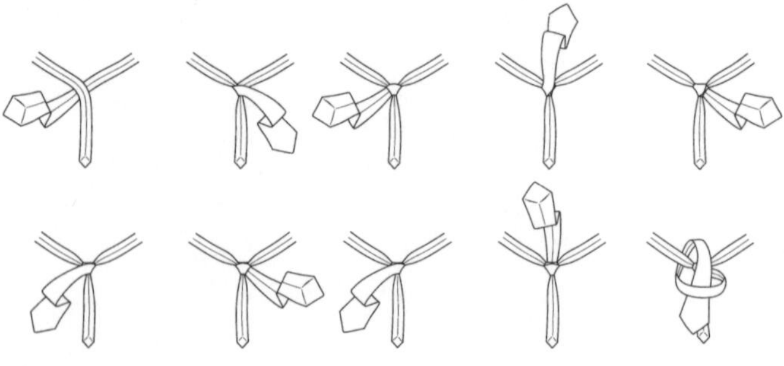

Knoten 46

L⊙R⊗L⊙R⊗L⊙Z⊗R⊙L⊗Z⊙T

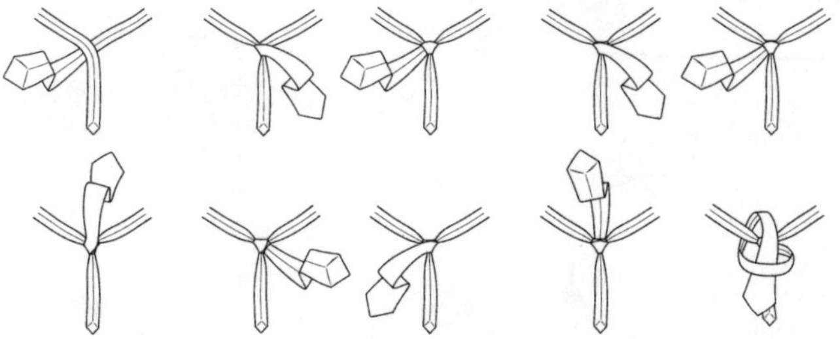

Knoten 47

L⊙R⊗Z⊙L⊗R⊙L⊗R⊙L⊗Z⊙T

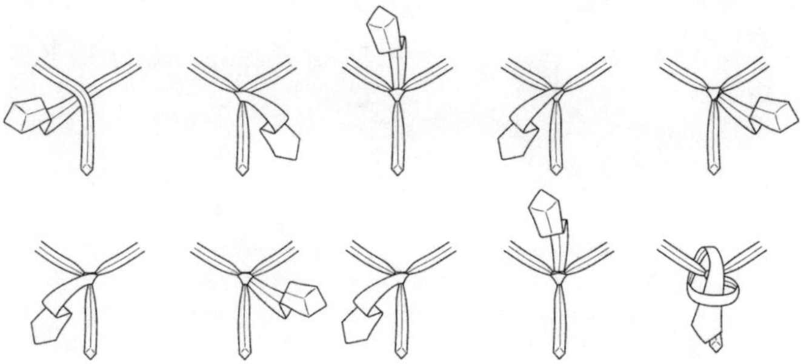

Knoten 48

L⊙R⊗L⊙R⊗Z⊙R⊗L⊙R⊗Z⊙T

Dies ist eine nicht-selbstlösende Variante des Grantchester (44).

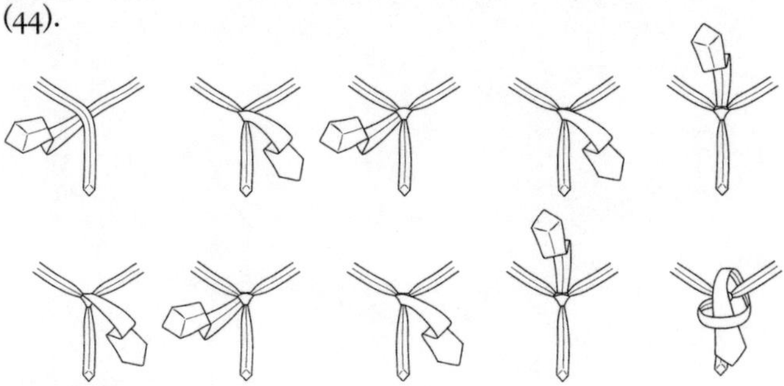

Knoten 49

L⊙R⊗L⊙Z⊗L⊙R⊗L⊙R⊗Z⊙T

Siehe Knoten 45

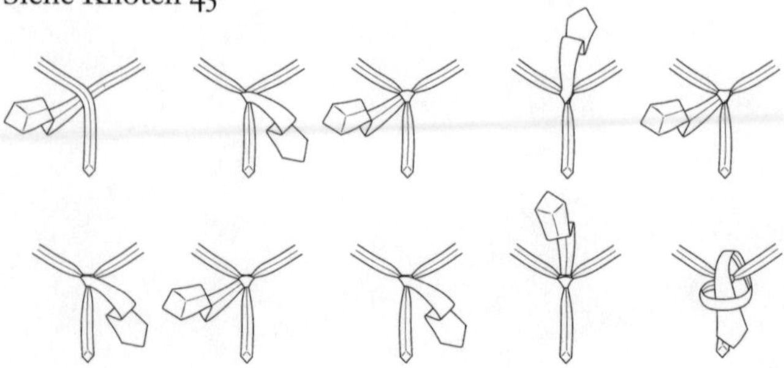

Knoten 50

L⊙R⊗L⊙R⊗L⊙Z⊗L⊙R⊗Z⊙T

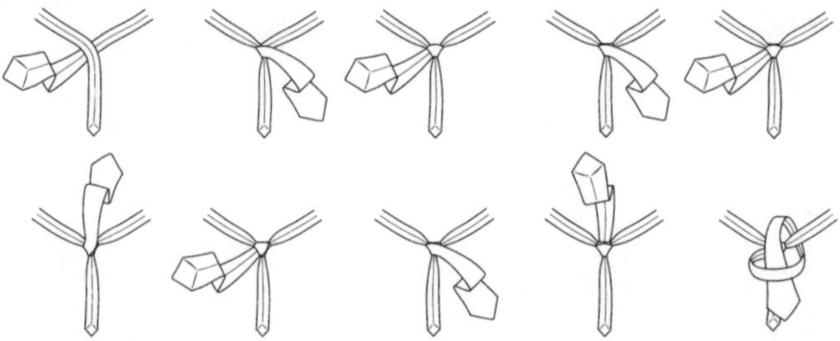

Knoten 51

L⊙R⊗Z⊙R⊗L⊙R⊗L⊙R⊗Z⊙T

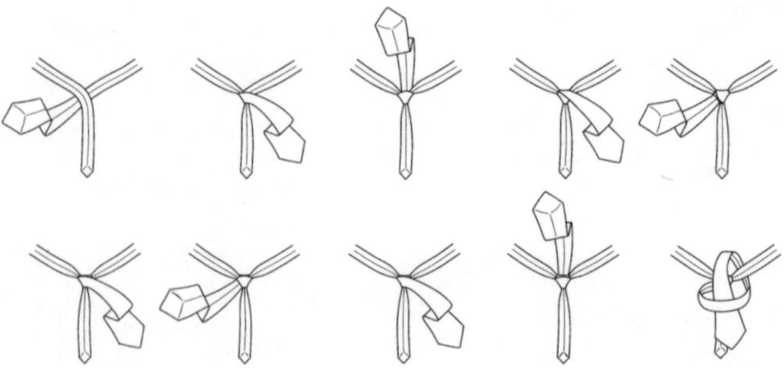

Knoten 52

L⊙Z⊗R⊙L⊗R⊙L⊗R⊙L⊗Z⊙T

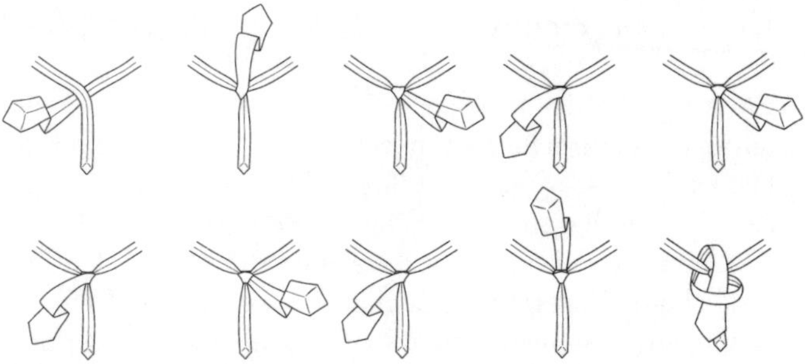

Knoten 53

L⊙Z⊗L⊙R⊗L⊙R⊗L⊙R⊗Z⊙T

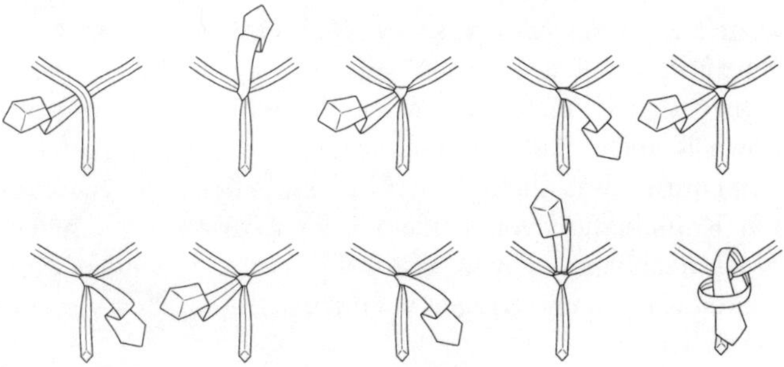

Knoten 54 (Hanover) L⊙R⊗Z⊙L⊗R⊙Z⊗L⊙R⊗Z⊙T

Ein Vergleich der Bewegungsfolgen enthüllt, dass der Hanover die natürliche Erweiterung des Oriental (1) und des Halben Windsor (7) ist. Die Bindetechnik ist bei allen dreien einfach und elegant: Das aktive Ende wird entgegen dem Uhrzeigersinn über und unter den drei »Achsen« der Krawatte hindurchgeführt, wobei insgesamt drei vollständige Schlingen entstehen. Daher sind dies die einzigen Knoten von vollkommener Symmetrie und Ausgewogenheit. Wie der Halbe Windsor ist der Hanover ein symmetrischer, dreieckiger Knoten, auch wenn er den Windsor (31) an Größe übertrifft.

Es ist ratsam, einen breiten Knoten nur zu ausgeschnittenen beziehungsweise halb ausgeschnittenen Kragen zu tragen, da jeder andere Stil die Ecken beschneiden würde. Solch ein bedauerliches Versehen hätte den zweifachen Effekt, die Form des Knotens zu verdecken und den Kragen unten auszustellen, da der Knoten so viel Raum fordert (Männer mit Button-down-Kragen seien gewarnt). In ähnlicher Weise eignen sich schmale Knoten gut für schmale und Button-down-Kragen. Auf ausgeschnittenen Kragen wirken sie manchmal etwas dürftig, auch wenn dies der weit verbreiteten Kombination von beidem keinen Abbruch getan hat. Doch unabhängig davon, wie die Krawatte gebunden wird, sollten Knoten und Kragen in einem harmonischen Verhältnis stehen.

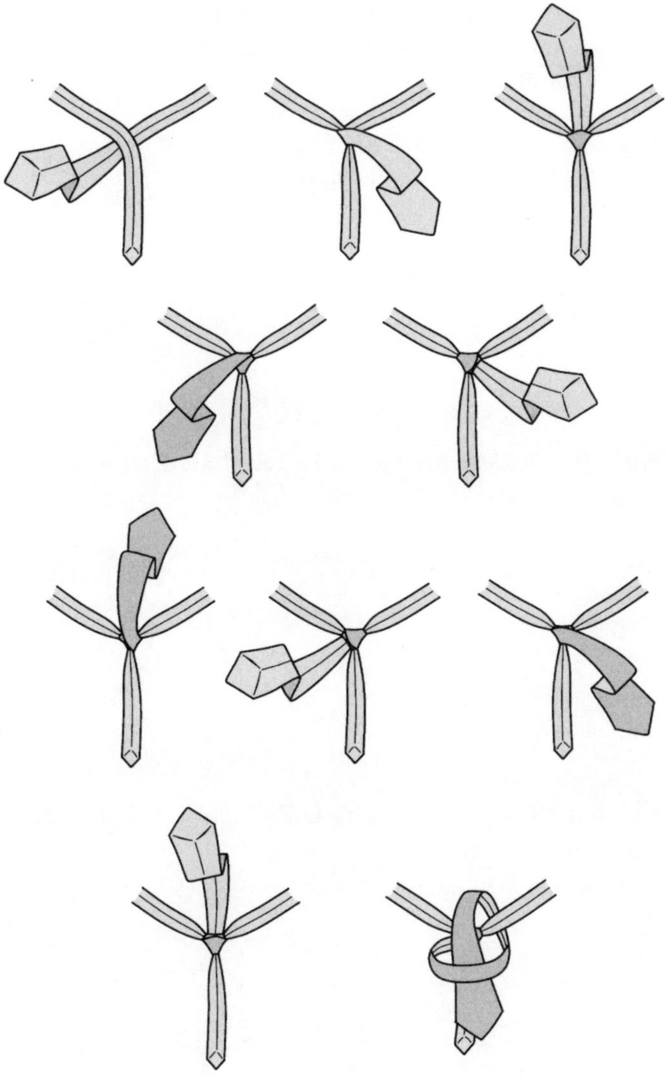

Knoten 55

L⊙R⊗Z⊙R⊗L⊙Z⊗R⊙L⊗Z⊙T

Knoten 55, 56 und 59 sind Varianten des Hanover, wobei 55 und 56 selbstlösend sind.

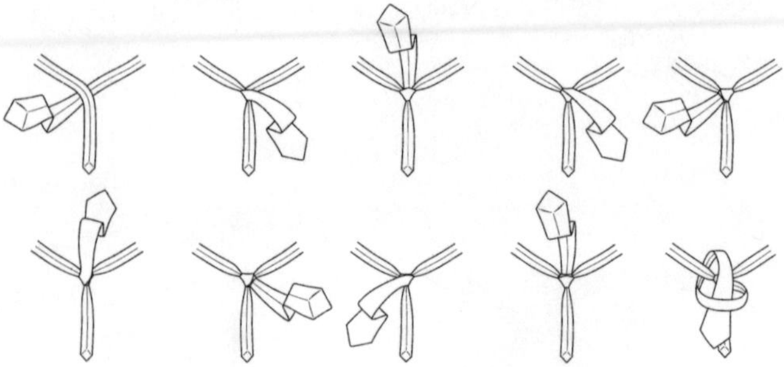

Knoten 56 Siehe Knoten 55

L⊙R⊗Z⊙L⊗R⊙Z⊗R⊙L⊗Z⊙T

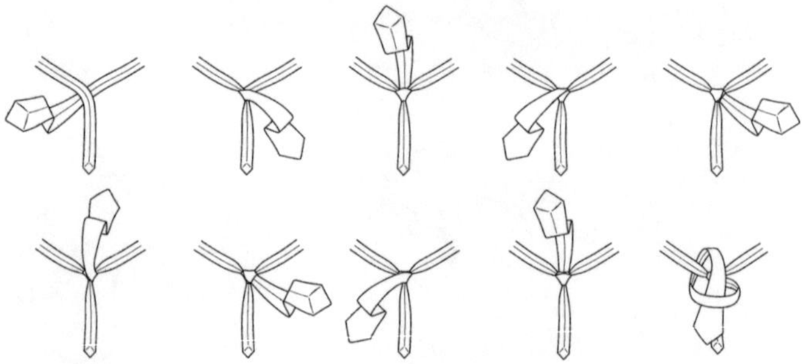

Knoten 57

L⊙Z⊗R⊙L⊗R⊙Z⊗L⊙R⊗Z⊙T

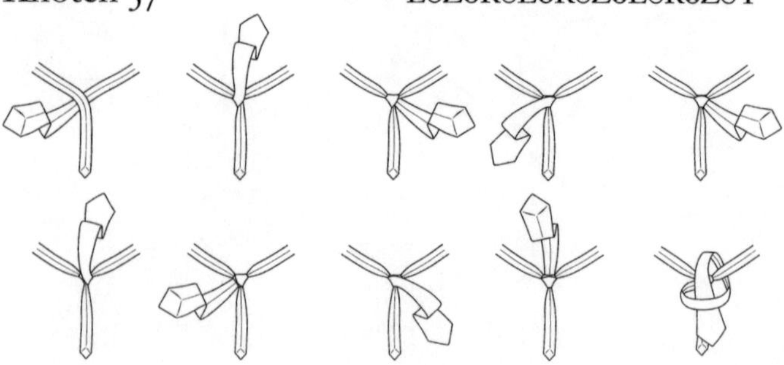

Der Herzog von Windsor ohne Windsorknoten.

Knoten 58

L⊙Z⊗R⊙L⊗Z⊙R⊗L⊙R⊗Z⊙T

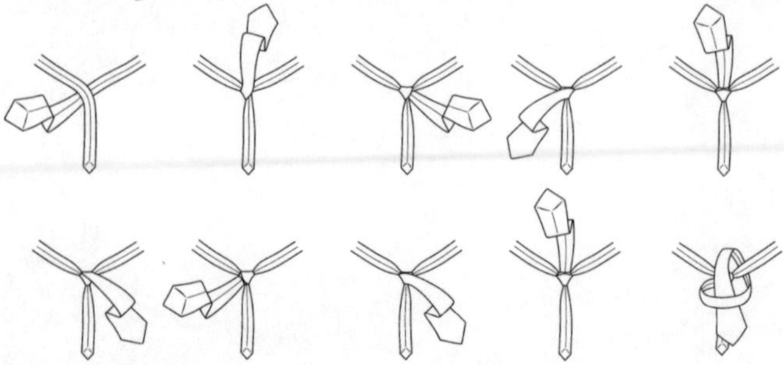

Knoten 59

Siehe Knoten 55

L⊙R⊗Z⊙R⊗L⊙Z⊗L⊙R⊗Z⊙T

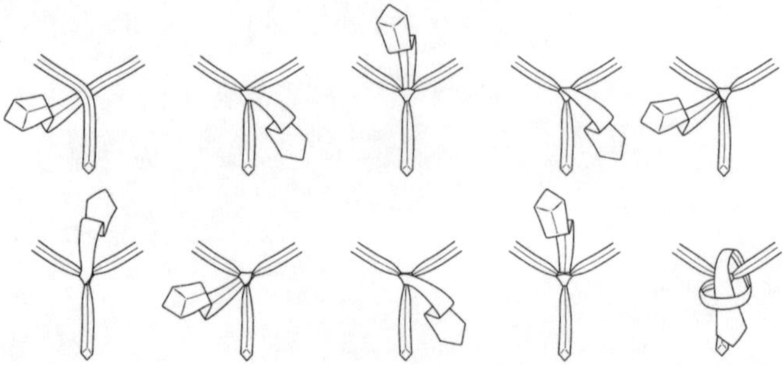

Knoten 60

L⊙Z⊗R⊙L⊗R⊙Z⊗R⊙L⊗Z⊙T

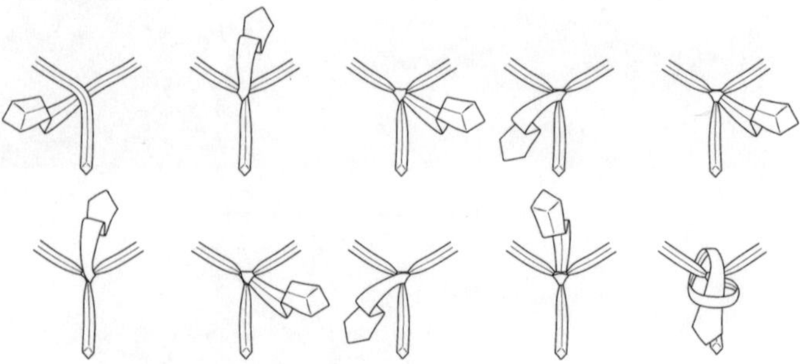

Knoten 61

L⊙R⊗L⊙Z⊗R⊙Z⊗L⊙R⊗Z⊙T

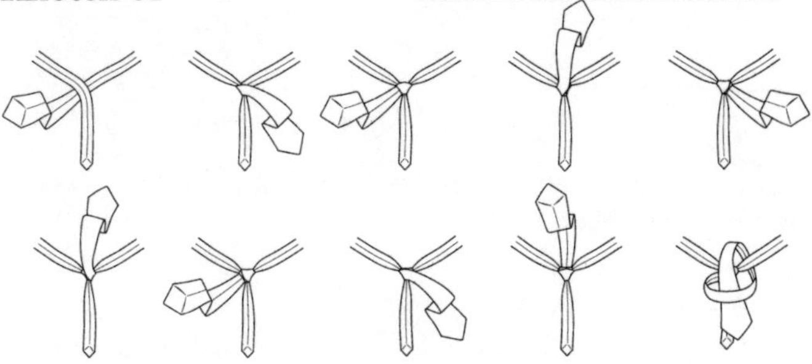

Knoten 62

L⊙R⊗Z⊙L⊗Z⊙R⊗L⊙R⊗Z⊙T

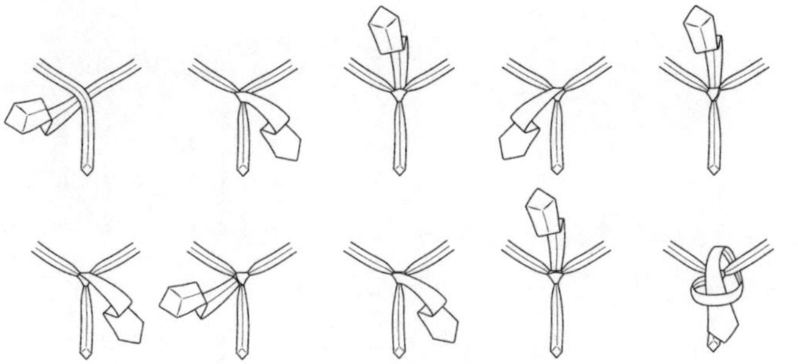

Knoten 63

L⊙R⊗L⊙Z⊗R⊙Z⊗R⊙L⊗Z⊙T

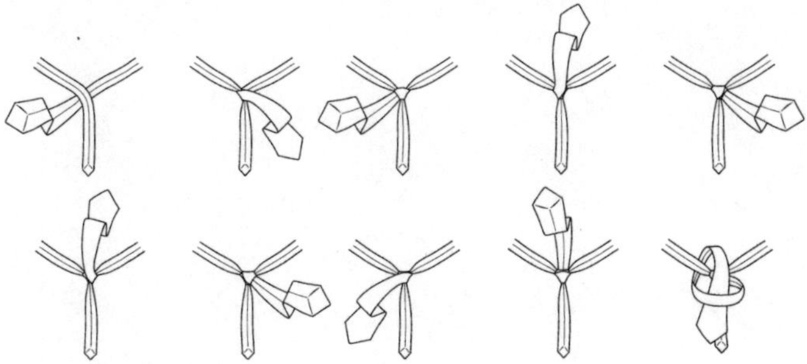

Knoten 64

L⊙R⊗Z⊙R⊗Z⊙L⊗R⊙L⊗Z⊙T

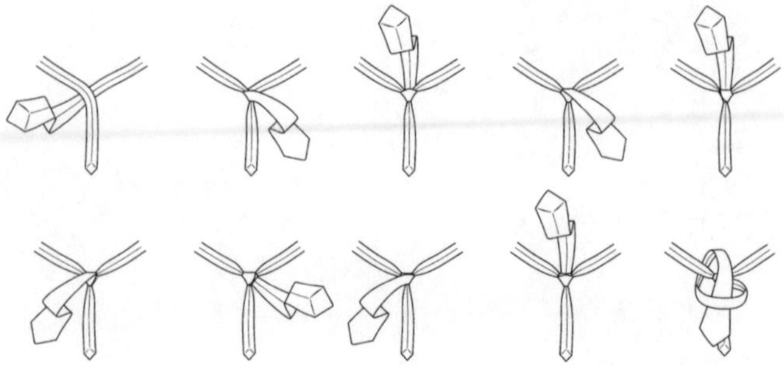

Knoten 65

L⊙Z⊗L⊙R⊗Z⊙R⊗L⊙R⊗Z⊙T

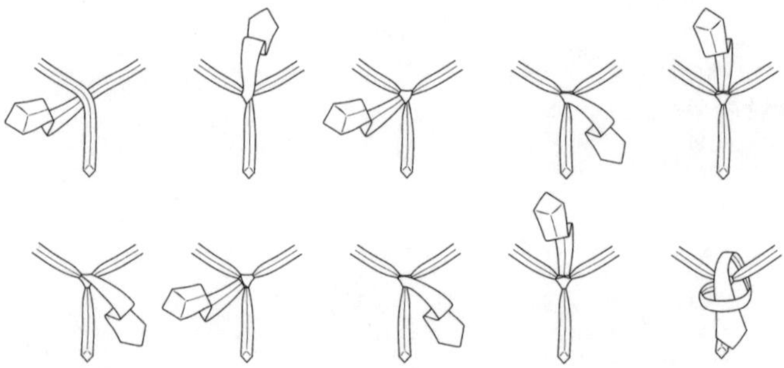

Knoten 66

L⊙Z⊗R⊙Z⊗L⊙R⊗L⊙R⊗Z⊙T

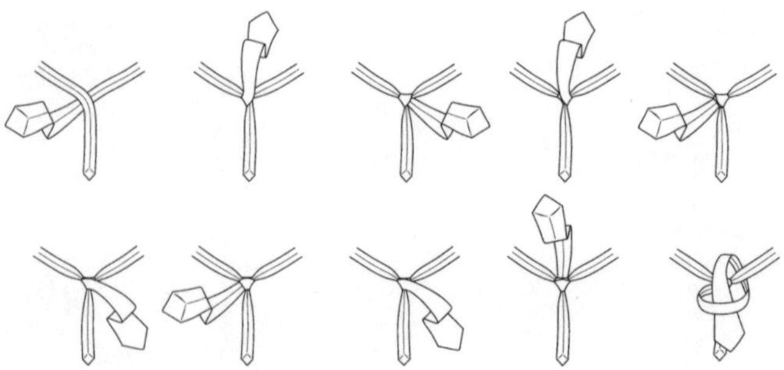

Knoten 67

L⊙Z⊗R⊙Z⊗R⊙L⊗R⊙L⊗Z⊙T

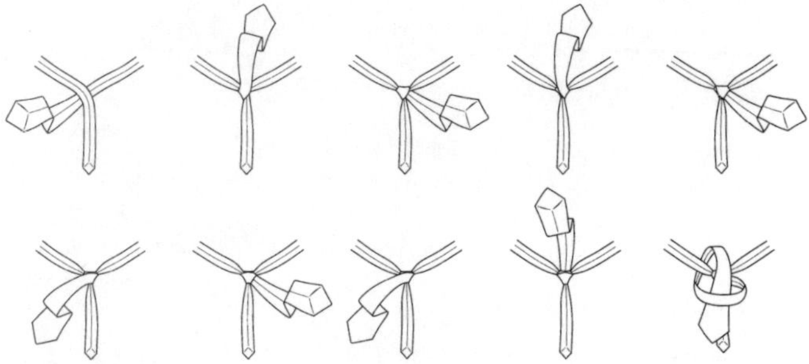

Knoten 68

L⊙Z⊗L⊙R⊗L⊙Z⊗R⊙L⊗Z⊙T

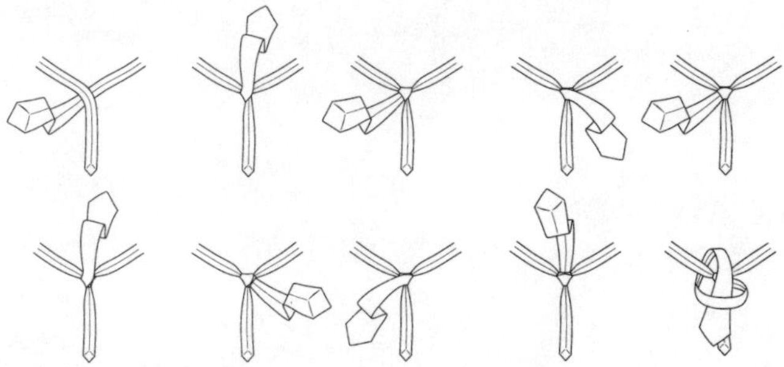

Knoten 69

L⊙Z⊗L⊙R⊗Z⊙L⊗R⊙L⊗Z⊙T

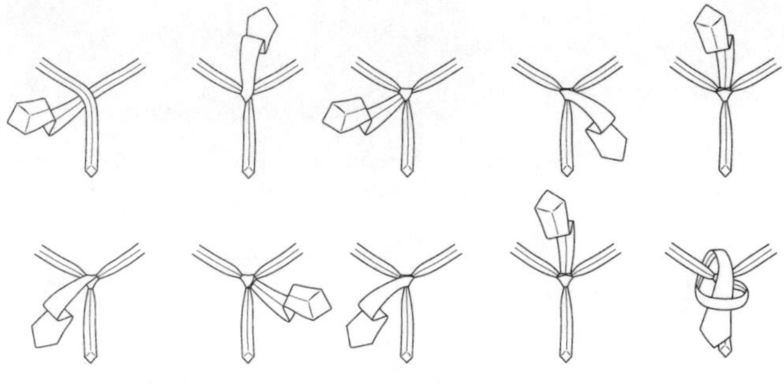

Rupert Brooke, 1913.

Knoten 70

L⊙Z⊗R⊙L⊗Z⊙L⊗R⊙L⊗Z⊙T

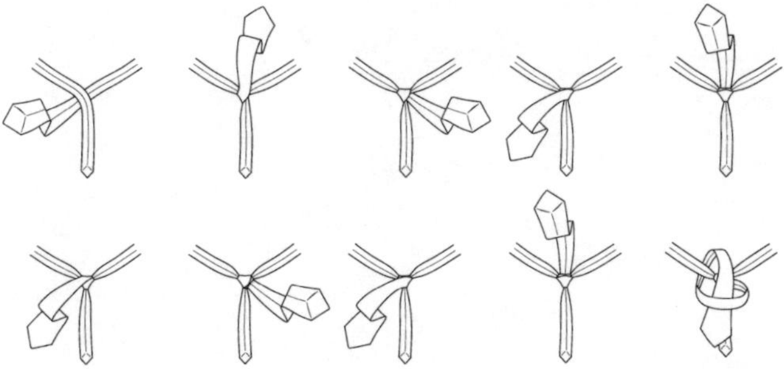

Knoten 71

L⊙Z⊗L⊙R⊗L⊙Z⊗L⊙R⊗Z⊙T

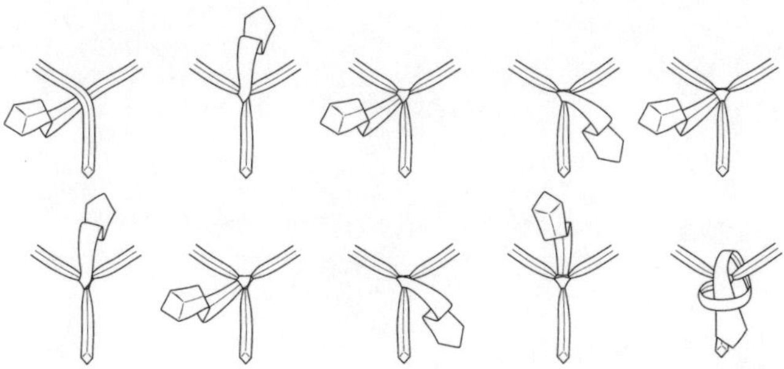

Knoten 72

L⊙R⊗L⊙Z⊗L⊙Z⊗R⊙L⊗Z⊙T

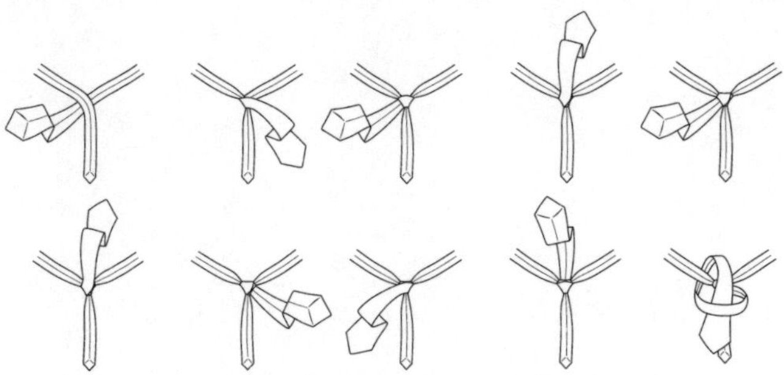

Knoten 73

L⊙R⊗Z⊙L⊗Z⊙L⊗R⊙L⊗Z⊙T

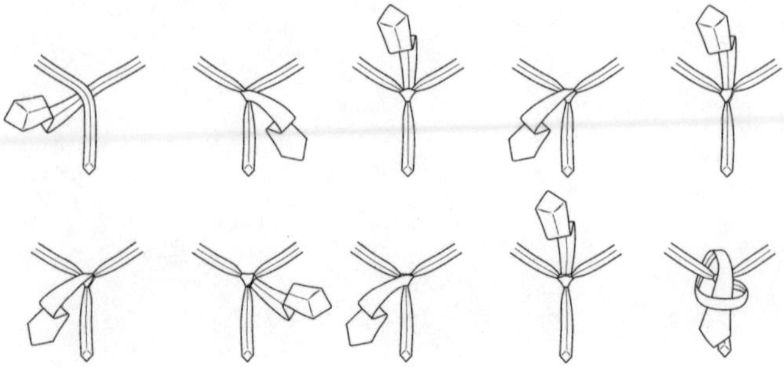

Knoten 74

L⊙R⊗L⊙Z⊗L⊙Z⊗L⊙R⊗Z⊙T

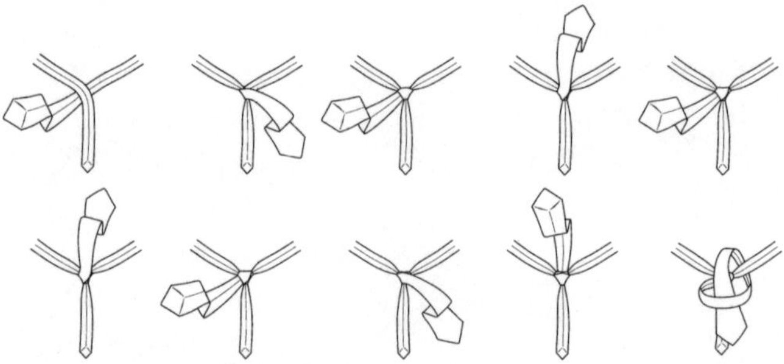

Knoten 75

L⊙R⊗Z⊙R⊗Z⊙R⊗L⊙R⊗Z⊙T

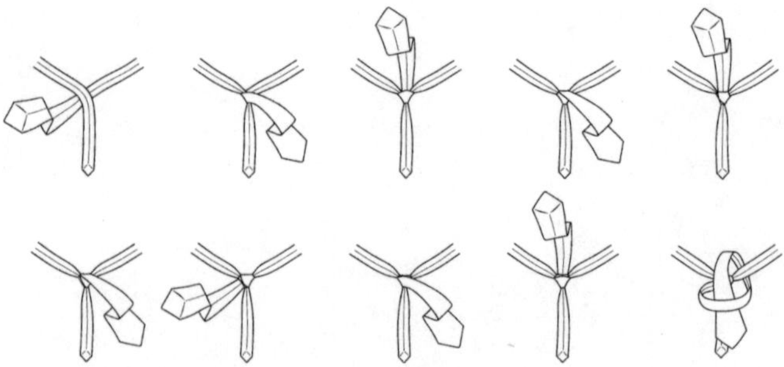

Knoten 76

L⊙Z⊗L⊙Z⊗R⊙L⊗R⊙L⊗Z⊙T

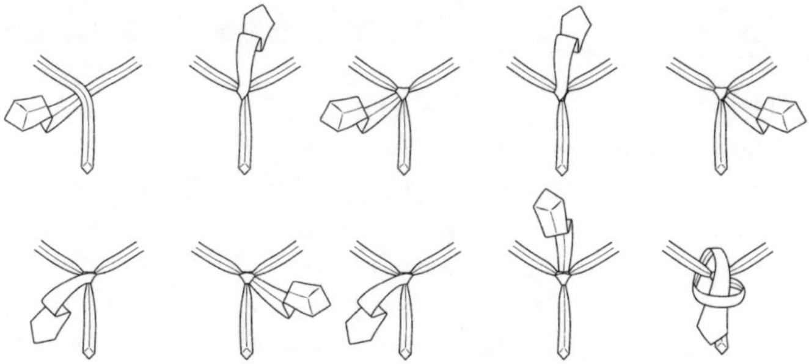

Knoten 77

L⊙Z⊗L⊙Z⊗L⊙R⊗L⊙R⊗Z⊙T

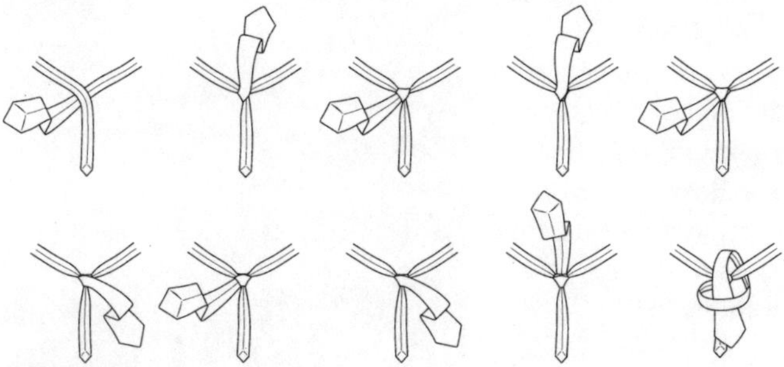

Knoten 78 (Balthus) L⊙Z⊗R⊙Z⊗L⊙Z⊗R⊙L⊗Z⊙T

Der Balthus gehört zu den letzten und breitesten Knotenklassen. Er ist eine direkte Erweiterung des Plattsburgh (18), und er hat eine ähnlich breite, kegelförmige Gestalt.

Die Art der Ausführung eines Knotens kann für sein Aussehen ebenso wichtig sein wie die Wahl des Knotens selbst. Gleich, welcher Knoten verwendet wird – eine Krawatte sollte nie so fest gebunden werden, dass sich der Knoten verformt, aber auch wiederum nicht so locker, dass der Knoten nichts sagend ist. Das erstere (und geringere) Übel erzeugt einen kleinen Knoten aus einer nicht so kleinen Sequenz. Letzteres ist gewöhnlich auf Nachlässigkeit zurückzuführen, die sich zur Böswilligkeit steigert, wenn sie auf eine längere Folge angewandt wird.

Der Künstler Balthus mit seiner unkonventionellen Schöpfung, 1933.

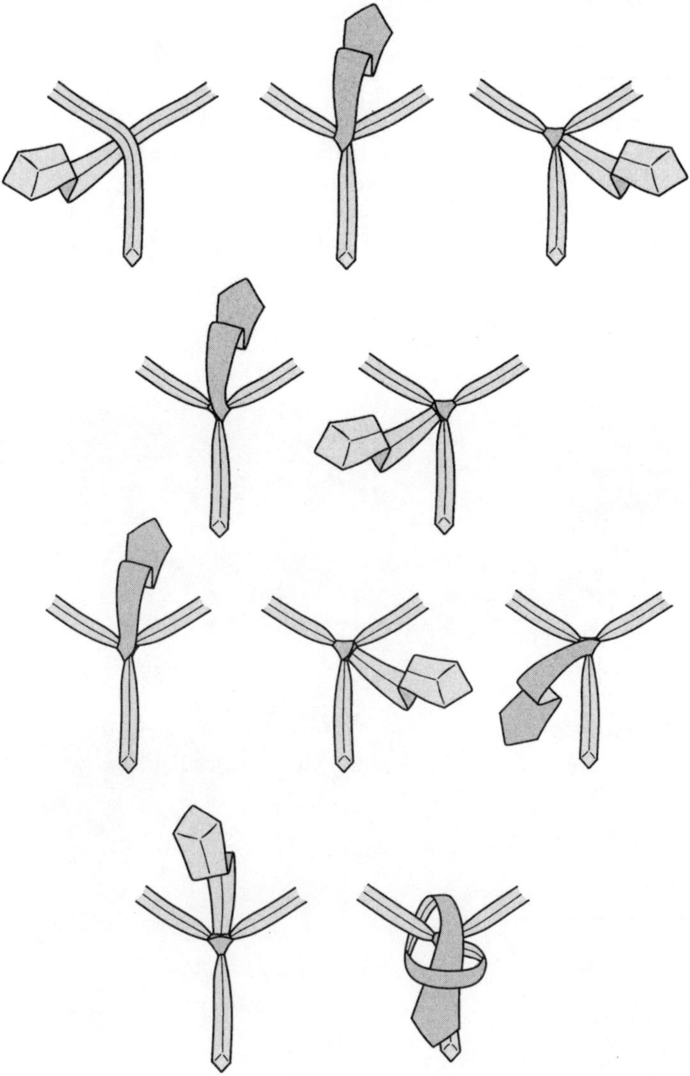

Knoten 79

L⊙Z⊗L⊙Z⊗R⊙Z⊗L⊙R⊗Z⊙T

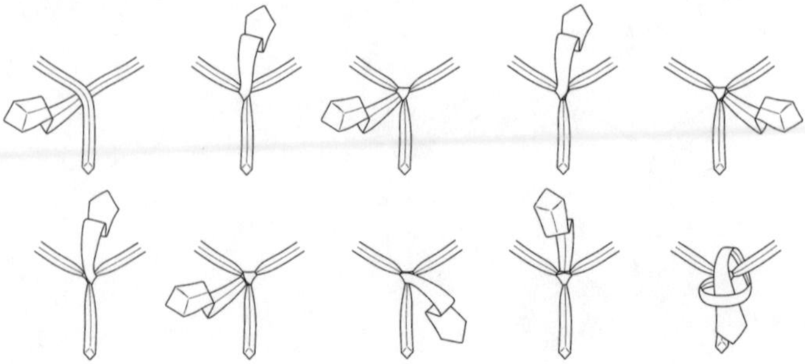

Knoten 80

L⊙Z⊗R⊙Z⊗R⊙Z⊗L⊙R⊗Z⊙T

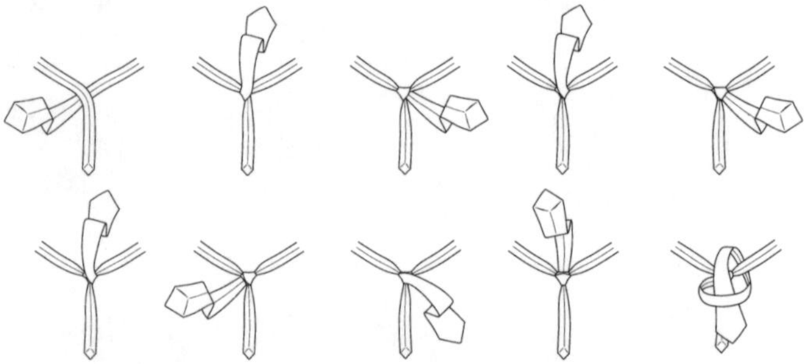

Knoten 81

L⊙Z⊗R⊙Z⊗L⊙Z⊗L⊙R⊗Z⊙T

Dies ist eine nicht-selbstlösende Variante des Balthus.

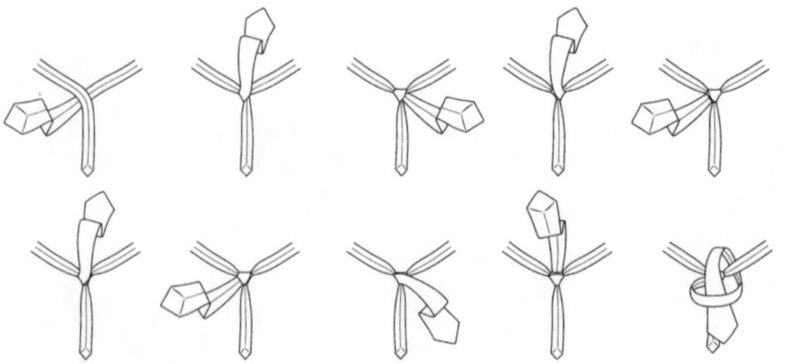

Knoten 82

L⊙Z⊗L⊙Z⊗R⊙Z⊗R⊙L⊗Z⊙T

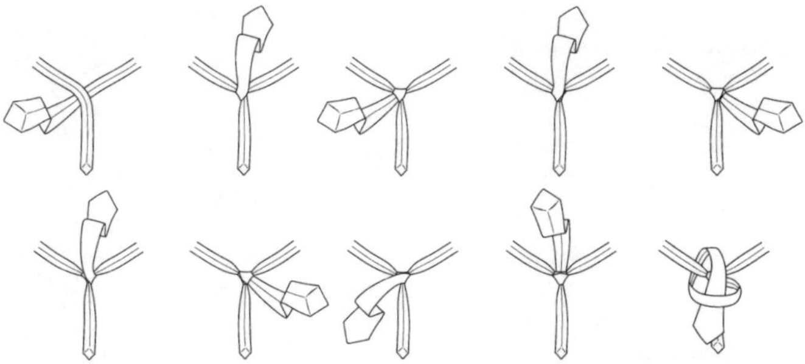

Knoten 83

L⊙Z⊗R⊙Z⊗R⊙Z⊗R⊙L⊗Z⊙T

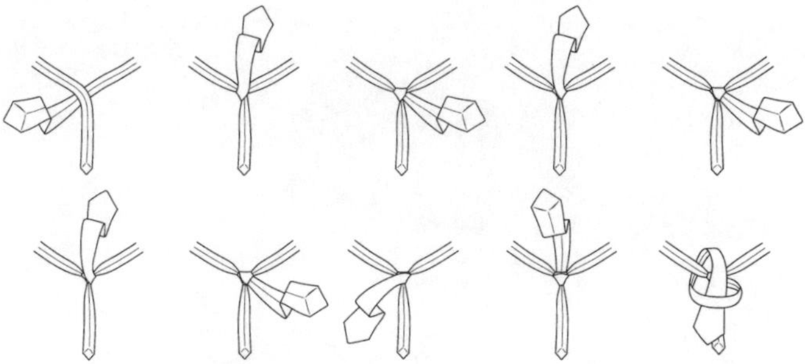

Knoten 84

L⊙Z⊗L⊙Z⊗L⊙Z⊗R⊙L⊗Z⊙T

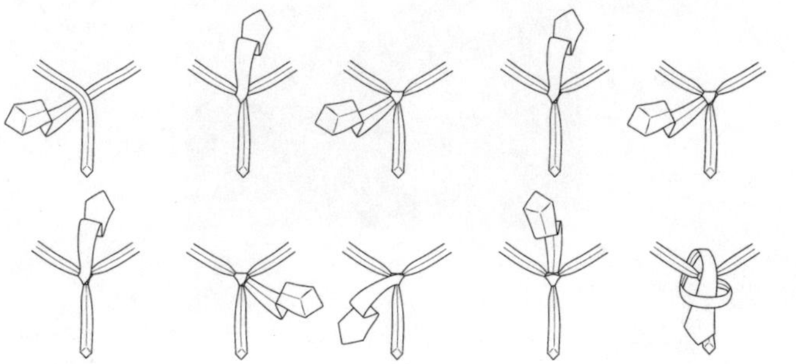

Knoten 85

L⊙Z⊗L⊙Z⊗L⊙Z⊗L⊙R⊗Z⊙T

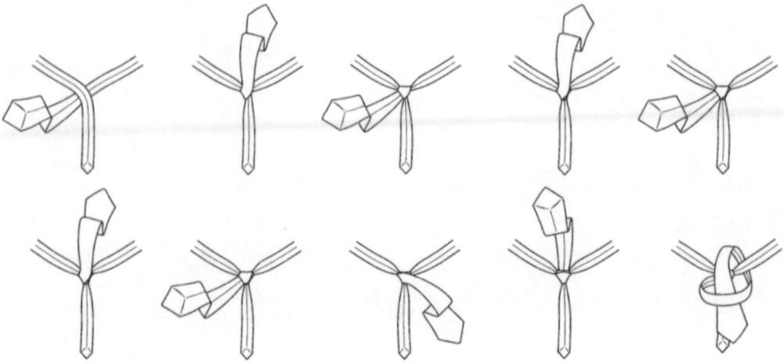

Die fünfundachtzig Knoten im Überblick

Übersicht über die Krawattenknoten, die, beginnend von links, beschrieben werden durch die Knotennummer *n*, die Größe *h*, die Zahl der Zentren *y*, die Bewegungsfolge, die Symmetrie *s*, die Ausgewogenheit *a*, den Knotenstatus *k* und den Namen (soweit vorhanden).

n	*h*	*y*	*Bewegungsfolge*	*s*	*a*	*k*	*Name*
1	3	1	L⊙R⊗Z⊙T	0	0	j	Oriental
2	4	1	L⊗R⊙L⊗Z⊙T	1	1	n	Four-in-hand
3	5	1	L⊙R⊗L⊙R⊗Z⊙T	0	2	j	Kelvin
4	5	2	L⊙Z⊗R⊙L⊗Z⊙T	1	0	n	Nicky
5	5	2	L⊙Z⊗L⊙R⊗Z⊙T	1	1	j	Pratt
6	6	1	L⊗R⊙L⊗R⊙L⊗Z⊙T	1	3	n	Viktoria
7	6	2	L⊗R⊙Z⊗L⊙R⊗Z⊙T	0	0	j	Halber Windsor
8	6	2	L⊗R⊙Z⊗R⊙L⊗Z⊙T	0	1	n	
9	6	2	L⊗Z⊙R⊗L⊙R⊗Z⊙T	0	1	j	
10	6	2	L⊗Z⊙L⊗R⊙L⊗Z⊙T	2	2	n	
11	7	1	L⊙R⊗L⊙R⊗L⊙R⊗Z⊙T	0	4	j	
12	7	2	L⊙R⊗L⊙Z⊗R⊙L⊗Z⊙T	1	1	n	St. Andrew
13	7	2	L⊙R⊗Z⊙L⊗R⊙L⊗Z⊙T	1	1	n	
14	7	2	L⊙R⊗L⊙Z⊗L⊙R⊗Z⊙T	1	2	j	
15	7	2	L⊙R⊗Z⊙R⊗L⊙R⊗Z⊙T	1	2	j	
16	7	2	L⊙Z⊗R⊙L⊗R⊙L⊗Z⊙T	1	2	n	
17	7	2	L⊙Z⊗L⊙R⊗L⊙R⊗Z⊙T	1	3	j	
18	7	3	L⊙Z⊗R⊙Z⊗L⊙R⊗Z⊙T	0	1	j	Plattsburgh
19	7	3	L⊙Z⊗R⊙Z⊗R⊙L⊗Z⊙T	0	2	n	
20	7	3	L⊙Z⊗L⊙Z⊗R⊙L⊗Z⊙T	2	2	n	
21	7	3	L⊙Z⊗L⊙Z⊗L⊙R⊗Z⊙T	2	3	j	

22	8	1	L⊗R⊙L⊗R⊙L⊗R⊙L⊗Z⊙T	1	5	n	
23	8	2	L⊗R⊙L⊗Z⊙R⊗L⊙R⊗Z⊙T	0	2	j	Cavendish
24	8	2	L⊗R⊙L⊗R⊙Z⊗L⊙R⊗Z⊙T	0	2	j	
25	8	2	L⊗R⊙Z⊗L⊙R⊗L⊙R⊗Z⊙T	0	2	j	Christensen
26	8	2	L⊗R⊙L⊗R⊙Z⊗R⊙L⊗Z⊙T	0	3	n	
27	8	2	L⊗R⊙Z⊗R⊙L⊗R⊙L⊗Z⊙T	0	3	n	
28	8	2	L⊗Z⊙R⊗L⊙R⊗L⊙R⊗Z⊙T	0	3	j	
29	8	2	L⊗R⊙L⊗Z⊙L⊗R⊙L⊗Z⊙T	2	3	n	
30	8	2	L⊗Z⊙L⊗R⊙L⊗R⊙L⊗Z⊙T	2	4	n	
31	8	3	L⊗Z⊙R⊗L⊙Z⊗R⊙L⊗Z⊙T	1	0	n	Windsor
32	8	3	L⊗Z⊙L⊗R⊙Z⊗L⊙R⊗Z⊙T	1	1	j	
33	8	3	L⊗Z⊙R⊗L⊙Z⊗L⊙R⊗Z⊙T	1	1	j	
34	8	3	L⊗R⊙Z⊗L⊙Z⊗R⊙L⊗Z⊙T	1	1	n	
35	8	3	L⊗Z⊙L⊗R⊙Z⊗R⊙L⊗Z⊙T	1	2	n	
36	8	3	L⊗R⊙Z⊗R⊙Z⊗L⊙R⊗Z⊙T	1	2	j	
37	8	3	L⊗R⊙Z⊗L⊙Z⊗L⊙R⊗Z⊙T	1	2	j	
38	8	3	L⊗Z⊙R⊗Z⊙L⊗R⊙L⊗Z⊙T	1	2	n	
39	8	3	L⊗R⊙Z⊗R⊙Z⊗R⊙L⊗Z⊙T	1	3	n	
40	8	3	L⊗Z⊙L⊗Z⊙R⊗L⊙R⊗Z⊙T	1	3	j	
41	8	3	L⊗Z⊙R⊗Z⊙R⊗L⊙R⊗Z⊙T	1	3	j	
42	8	3	L⊗Z⊙L⊗Z⊙L⊗R⊙L⊗Z⊙T	3	4	n	
43	9	1	L⊙R⊗L⊙R⊗L⊙R⊗L⊙R⊗Z⊙T	0	6	j	
44	9	2	L⊙R⊗L⊙R⊗Z⊙L⊗R⊙L⊗Z⊙T	1	3	n	Grantchester
45	9	2	L⊙R⊗L⊙Z⊗R⊙L⊗R⊙L⊗Z⊙T	1	3	n	
46	9	2	L⊙R⊗L⊙R⊗L⊙Z⊗R⊙L⊗Z⊙T	1	3	n	
47	9	2	L⊙R⊗Z⊙L⊗R⊙L⊗R⊙L⊗Z⊙T	1	3	n	
48	9	2	L⊙R⊗L⊙R⊗Z⊙R⊗L⊙R⊗Z⊙T	1	4	j	
49	9	2	L⊙R⊗L⊙Z⊗L⊙R⊗L⊙R⊗Z⊙T	1	4	j	
50	9	2	L⊙R⊗L⊙R⊗L⊙Z⊗L⊙R⊗Z⊙T	1	4	j	
51	9	2	L⊙R⊗Z⊙R⊗L⊙R⊗L⊙R⊗Z⊙T	1	4	j	
52	9	2	L⊙Z⊗R⊙L⊗R⊙L⊗R⊙L⊗Z⊙T	1	4	n	
53	9	2	L⊙Z⊗L⊙R⊗L⊙R⊗L⊙R⊗Z⊙T	1	5	j	

54	9	3	L⊙R⊗Z⊙L⊗R⊙Z⊗L⊙R⊗Z⊙T	0	0	j	Hanover
55	9	3	L⊙R⊗Z⊙R⊗L⊙Z⊗R⊙L⊗Z⊙T	0	1	n	
56	9	3	L⊙R⊗Z⊙L⊗R⊙Z⊗R⊙L⊗Z⊙T	0	1	n	
57	9	3	L⊙Z⊗R⊙L⊗R⊙Z⊗L⊙R⊗Z⊙T	0	1	j	
58	9	3	L⊙Z⊗R⊙L⊗Z⊙R⊗L⊙R⊗Z⊙T	0	1	j	
59	9	3	L⊙R⊗Z⊙R⊗L⊙Z⊗L⊙R⊗Z⊙T	0	2	j	
60	9	3	L⊙Z⊗R⊙L⊗R⊙Z⊗R⊙L⊗Z⊙T	0	2	n	
61	9	3	L⊙R⊗L⊙Z⊗R⊙Z⊗L⊙R⊗Z⊙T	0	2	j	
62	9	3	L⊙R⊗Z⊙L⊗Z⊙R⊗L⊙R⊗Z⊙T	0	2	j	
63	9	3	L⊙R⊗L⊙Z⊗R⊙Z⊗R⊙L⊗Z⊙T	0	3	n	
64	9	3	L⊙R⊗Z⊙R⊗Z⊙L⊗R⊙L⊗Z⊙T	0	3	n	
65	9	3	L⊙Z⊗L⊙R⊗Z⊙R⊗L⊙R⊗Z⊙T	0	3	j	
66	9	3	L⊙Z⊗R⊙Z⊗L⊙R⊗L⊙R⊗Z⊙T	0	3	j	
67	9	3	L⊙Z⊗R⊙Z⊗R⊙L⊗R⊙L⊗Z⊙T	0	4	n	
68	9	3	L⊙Z⊗L⊙R⊗L⊙Z⊗R⊙L⊗Z⊙T	2	2	n	
69	9	3	L⊙Z⊗L⊙R⊗Z⊙L⊗R⊙L⊗Z⊙T	2	2	n	
70	9	3	L⊙Z⊗R⊙L⊗Z⊙L⊗R⊙L⊗Z⊙T	2	2	n	
71	9	3	L⊙Z⊗L⊙R⊗L⊙Z⊗L⊙R⊗Z⊙T	2	3	j	
72	9	3	L⊙R⊗L⊙Z⊗L⊙Z⊗R⊙L⊗Z⊙T	2	3	n	
73	9	3	L⊙R⊗Z⊙L⊗Z⊙L⊗R⊙L⊗Z⊙T	2	3	n	
74	9	3	L⊙R⊗L⊙Z⊗L⊙Z⊗L⊙R⊗Z⊙T	2	4	j	
75	9	3	L⊙R⊗Z⊙R⊗Z⊙R⊗L⊙R⊗Z⊙T	2	4	j	
76	9	3	L⊙Z⊗L⊙Z⊗R⊙L⊗R⊙L⊗Z⊙T	2	4	n	
77	9	3	L⊙Z⊗L⊙Z⊗L⊙R⊗L⊙R⊗Z⊙T	2	5	j	
78	9	4	L⊙Z⊗R⊙Z⊗L⊙Z⊗R⊙L⊗Z⊙T	1	2	n	Balthus
79	9	4	L⊙Z⊗L⊙Z⊗R⊙Z⊗L⊙R⊗Z⊙T	1	3	j	
80	9	4	L⊙Z⊗R⊙Z⊗R⊙Z⊗L⊙R⊗Z⊙T	1	3	j	
81	9	4	L⊙Z⊗R⊙Z⊗L⊙Z⊗L⊙R⊗Z⊙T	1	3	j	
82	9	4	L⊙Z⊗L⊙Z⊗R⊙Z⊗R⊙L⊗Z⊙T	1	4	n	
83	9	4	L⊙Z⊗R⊙Z⊗R⊙Z⊗R⊙L⊗Z⊙T	1	4	n	
84	9	4	L⊙Z⊗L⊙Z⊗L⊙Z⊗R⊙L⊗Z⊙T	3	4	n	
85	9	4	L⊙Z⊗L⊙Z⊗L⊙Z⊗L⊙R⊗Z⊙T	3	5	j.	

Schlipsknoten und Gitterwanderungen

Nachdem wir in Kapitel 2 bereits einen Überblick über die Theorie der Schlipsknoten gegeben haben, wollen wir hier beschreiben, wie sie sich für den Physiker darstellt.

Erinnern wir uns, wie wir die Schlipsknoten in Kapitel 2 definiert hatten, nämlich als eine Abfolge von Elementarbewegungen aus der Menge {R⊙, R⊗, Z⊙, Z⊗, L⊙, L⊗}, die mit L⊗ oder L⊙ begonnen und durch die Bewegungsfolgen R⊙L⊗Z⊙T oder L⊙R⊗Z⊙T beendet wird. Bedingung war dabei, dass niemals zwei direkt aufeinander folgende Bewegungen zu derselben Orientierung des Schlipses oder in dieselbe der drei Regionen führen können.

Wir stellen den Knotungsvorgang nun als Wanderung, als zusammenhängende Folge diskreter Schritte, auf einem Dreiecksgitter dar. Die drei Achsen r, z, l stehen für die drei Regionen R, Z, L, in die das Schlipsende geführt werden kann; die drei Einheitsvektoren $\hat{r}$, $\hat{z}$, $\hat{l}$ für die entsprechenden Bewegungen (vergleiche Abbildung A.1). Die Angaben zur Schlipsorientierung, ⊙, ⊗, sowie die abschließende Bewegung T lassen wir beiseite. Das ändert nichts an der Eindeutigkeit unserer vereinfachten Notation: Alle Krawattenbindungen enden mit Z⊙, und da in der vorangehenden Bewegungsfolge die beiden Lagen des Krawattenendes, ⊙ und ⊗, jeweils abwechselnd vorkommen, beginnen alle Knoten, die sich aus einer ungeraden Anzahl von Elementarbewegungen ergeben, mit L⊙, jene mit einer geraden Anzahl von Bewegungen mit L⊗.

Der Dreiheit der möglichen Regionen, in die eine Bewegung führen kann, entspricht die Vorschrift, dass auf dem Dreiecksgitter nur Schritte in Richtung der positiven Gitterachsen zulässig sind; weiterhin dürfen keine zwei aufeinander folgenden Schritte in dieselbe Richtung führen. Letztere Bedingung macht unsere Wanderung zu einem Markow-Prozess zweiter Ordnung*. Trotz dieser

* Technisch gesehen ist dies, obwohl hier der Zufall keine Rolle spielt, eine Zufallsbewegung, ein *random walk*, genauer gesagt, ein *persistent random walk*, sinngemäß eine »hartnäckig die Richtung wechselnde Zufallswanderung«. *A. d. Ü.*

Einschränkung sind sämtliche Gitterpunkte zugänglich, da zum Beispiel $-\hat{z} = \hat{r} + \hat{l}$ und $2\,\hat{z} = \hat{z} + \hat{l} + \hat{z} + \hat{r} + \hat{z}$.

Der Größe eines Knotens – erster Parameter unserer Klassifikation – entspricht die Anzahl der Elementarbewegungen des Bindevorgangs, die Halbwindungszahl h. Anfangs- und Endbedingung schreiben vor, dass der kleinstmögliche Knoten durch L⊙R⊗Z⊙T gegeben ist, also die Größe $h = 3$ hat. Sowohl praktische Überlegungen (genauer: die endliche Länge des Schlipses) als auch das ästhetische Empfinden legen eine Obergrenze für die Größe des Knotens nahe; wir beschränken uns im Folgenden auf Knoten mit Halbwindungszahl $h \leq 9$. Die Anzahl der für die vorgegebene Größe h möglichen Knoten, $K(h)$, entspricht der Anzahl derjenigen Wanderungen der Schrittzahl h, die unseren Anfangs- und Endbedingungen genügen.

Wir berechnen $K(h)$, indem wir zunächst alle Wege der Schrittzahl n betrachten, deren erster Schritt in die Richtung führt, entsprechend unserer Anfangsbedingung. Sei $F_{\hat{r}}(n)$ die Anzahl solcher Wege, die mit $\hat{l}$ beginnen und mit $\hat{r}$ enden, $F_{\hat{z}}(n)$ die Anzahl der Wege, die mit $\hat{l}$ beginnen und mit $\hat{z}$ enden, und so weiter. Da an jedem Kreuzungspunkt die Auswahl zwischen zwei möglichen nächsten Schritten besteht, gilt offenbar

$$F_{\hat{r}}(n) + F_{\hat{z}}(n) + F_{\hat{l}}(n) = 2^{n-1}. \qquad (1)$$

Alle erlaubten Wege enden mit der Bewegungsfolge $\hat{r}\,\hat{l}\,\hat{z}$ oder mit $\hat{l}\,\hat{r}\,\hat{z}$, sodass sich unser Interesse auf die Anzahl derjenigen Wege beschränken kann, deren Länge $n = h - 2$ beträgt und die entweder auf $\hat{r}$ oder $\hat{l}$ enden (an jeden solchen Weg lassen sich die zwei weiteren für den Abschluss der Bewegung vorgeschriebenen Elementarbewegungen anfügen).

Zunächst zu $F_{\hat{l}}(n)$. Direkter Vorgänger eines Schrittes $\hat{l}$ kann nur ein Schritt $\hat{z}$ oder ein Schritt $\hat{r}$ sein, mithin

$$F_{\hat{l}}(n+2) = F_{\hat{r}}(n+1) + F_{\hat{z}}(n+1), \qquad (2)$$

woraus folgt, dass

$$F_{\hat{l}}(n+2) = F_{\hat{r}}(n) + F_{\hat{z}}(n) + 2F_{\hat{l}}(n). \qquad (3)$$

Abbildung A.1. *Wir können einen Schlipsknoten als eine Wanderung auf einem Dreiecksgitter darstellen, die mit* $\hat{l}$ *beginnt und mit einer der beiden Schrittfolgen* $\hat{l}\ \hat{r}\ \hat{z}$ *oder* $\hat{r}\ \hat{l}\ \hat{z}$ *endet. Dabei sind nur Schritte in Richtung der positiven Achsen r, l und z erlaubt, von denen keine zwei aufeinanderfolgenden in dieselbe Richtung führen dürfen. Als Beispiel zeigt die Abbildung den Four-in-hand, entsprechend der Wanderung* $\hat{l}\ \hat{r}\ \hat{l}\ \hat{z}$.

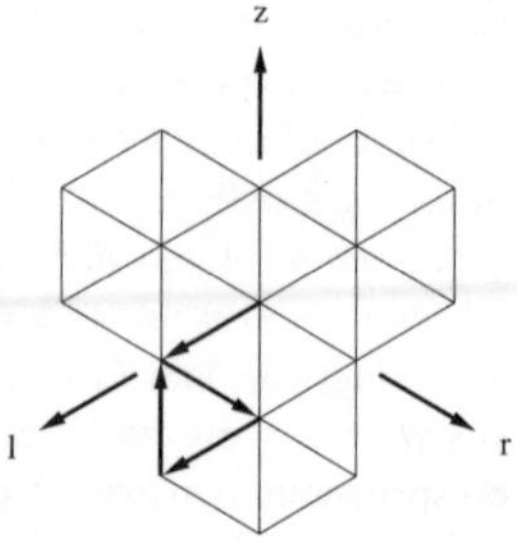

Berücksichtigt man die Gleichung (1), lässt sich hieraus die Rekursionsbeziehung

$$F_{\hat{l}}(n+2) = F_{\hat{l}}(n) + 2^{n-1} \tag{4}$$

ableiten, mit den Anfangsbedingungen $F_{\hat{l}}(1) = 1$ und $F_{\hat{l}}(2) = 0$.

Die Rekursionsrelation für $F_{\hat{r}}(n)$ ist dieselbe wie in (4), nur dass die Anfangsbedingungen hier $F_{\hat{r}}(1) = 0$ und $F_{\hat{r}}(2) = 1$ sind.

Die Anzahl der Knoten der Größe h ist gleich der Anzahl von Wegen der Länge $h - 2$, die mit $\hat{l}$ beginnen und mit $\hat{r}$ oder $\hat{l}$ enden. Dementsprechend ist für $h > 2$

$$K(h) = F_{\hat{r}}(h-2) + F_{\hat{l}}(h-2) = \frac{1}{3}(2^{h-2}-(-1)^{h-2}). \tag{5}$$

Zusammen mit $K(1) = K(2) = 0$ ergibt sich für die Anzahl der Knoten bis einschließlich Größe 9

$$\sum_{i=1}^{9} K(i) = 85. \tag{6}$$

Die Form des Knotens hängt davon ab, wie viele der Elementarbewegungen beim Binden in den linken Bereich, den rechten Bereich oder durch das Zentrum ausgeführt wurden. Wir werden später noch einmal darauf zurückkommen, dass der rechte und der linke Bereich aus Gründen der Symmetrie gleichermaßen berücksichtigt werden sollten; als Indikator für die Knotenform wählen wir darum die Anzahl γ der zentralen Bewegungen. Sie und die Knotengröße h wollen wir unserem Klassifikationsschema zugrunde legen; Krawattenknoten, deren Werte für h und γ gleich sind, sollen derselben Knotenklasse angehören. Ist das Verhältnis γ/h groß, zeigt dies einen breiten Knoten an (wie den Windsorknoten), ist sie klein, haben wir es mit einem schmalen Knoten zu tun (etwa dem Four-in-hand). Für einige der sechzehn kanonischen Knotenklassen ist das Verhältnis γ/h allerdings zu klein, als dass die entsprechenden Knoten den Ansprüchen der Ästhetik genügen könnten. Wir beschränken uns daher auf das Intervall $\gamma/h \in [1/6, 1/2]$, wobei die untere Grenze dem sehr schmalen, aber doch gelegentlich anzutreffenden Prince-Albert-Knoten entspricht. Mit dieser Einschränkung bleiben noch dreizehn Knotenklassen übrig.

Die Anzahl der Knoten in einer Klasse, $K(h,\gamma)$, entspricht der Anzahl jener Wege der Länge h, die γ Schritte $\hat{z}$ enthalten, mit $\hat{l}$ beginnen und entweder mit der Abfolge $\hat{l}\,\hat{r}\,\hat{z}$ oder mit $\hat{r}\,\hat{l}\,\hat{z}$ enden. Anstatt als Abfolge von Schritten können wir einen solchen Weg auch als Abfolge von γ Gruppen von Schritten betrachten, deren jede aus einer nur $\hat{r}$ und $\hat{l}$ enthaltenden Folge besteht, wobei auf jede Gruppe ein begrenzendes $\hat{z}$ folgt. Der Windsorknoten $\hat{l}\,\hat{z}\,\hat{r}\hat{l}\,\hat{z}\,\hat{r}\hat{l}\,\hat{z}$, um ein Beispiel zu nennen, besteht aus drei solcher Gruppen mit den Längen 1, 2 beziehungsweise 2. Die Art und Weise, in der die $\hat{z}$-Schritte auf die Bewegung verteilt sind, wollen wir die Zentralstruktur des Knotens nennen.

Die Anzahl möglicher Zentralstrukturen ist gerade die Anzahl der geordneten Partitionen der Zahl $h - \gamma$ in γ natürliche Zahlen – von denen es insgesamt

$$P(h-\gamma,\gamma) = \binom{h-\gamma-1}{\gamma-1} \qquad (7)$$

gibt – mit der Einschränkung, dass die letzte Gruppe nicht von der Länge 1 sein darf. Die in (7) angegebene Anzahl reduziert sich auf Grund der genannten Bedingung gerade um $\binom{h-\gamma-2}{\gamma-2}$. Die Schritte, die zur Gruppe selbst gehören, können von zweierlei Art sein – am Anfang kann jeweils entweder $\hat{r}$ oder $\hat{l}$ stehen, ausgenommen die allererste Gruppe, von der wir angenommen haben, sie beginne mit $\hat{l}$. Demgemäß entsprechen einer gegebenen Zentralstruktur mit γ Gruppen $2^{\gamma-1}$ mögliche Wanderungen.

Daraus folgt die Anzahl der zur Klasse h, γ gehörigen Knoten zu

$$K(h,\gamma) = 2^{\gamma-1}\left(\binom{h-\gamma-1}{\gamma-1} - \binom{h-\gamma-2}{\gamma-2}\right) = 2^{\gamma-1}\binom{h-\gamma-2}{\gamma-1} \qquad (8)$$

Die Symmetrie eines Knotens – unsere erste ästhetische Anforderung – definieren wir als den Absolutbetrag der Differenz zwischen den Anzahlen der Links- und der Rechtsbewegungen,

$$s = \left|\sum_{i=1}^{h} x_i\right|, \qquad (9)$$

wobei $x_i = 1$ gelten soll, wenn der i-te Schritt in Richtung von $\hat{r}$ erfolgte, $x_i = -1$, wenn er in die Richtung von $\hat{l}$ führte, und $x_i = 0$, wenn es sich um einen zentralen Schritt handelte. Wir beschränken uns auf die Knoten jeder Klasse, für die s minimal ist.

Während uns die Anzahl der zentralen Bewegungen, γ, und die Symmetrie s lediglich über das Verhältnis der Anzahlen der unterschiedlichen Bewegungstypen Auskunft geben, hängt die Ausgewogenheit davon ab, in welcher Weise die unterschiedlichen Bewegungen aufeinander folgen; sie beschreibt, inwieweit der Bindevorgang eine gute »Mischung« der verschiedenen Bewegungsmöglichkeiten darstellt. Ein ausgewogener Knoten ist straff gebunden und formstabil. Wir wollen dies als zweites ästhetisches Kriterium anlegen.

Sei σ_i der i-te Schritt der Wanderung. Die Windungsrichtung $\omega_i(\sigma_i, \sigma_{i+1})$ sei +1, wenn der Übergang von σ_i zu σ_{i+1} im Uhrzeigersinn erfolgt, andernfalls sei $\omega_i = -1$. Wir können dann als Maß a für die Ausgewogenheit definieren

$$a = \frac{1}{2}\sum_{i=2}^{h-1} |\omega_i - \omega_{i-1}|. \qquad (10)$$

Von den für gegebenes h,γ maximal symmetrischen Knoten nennen wir denjenigen, für den a minimal ist, den ästhetischsten Knoten seiner Klasse.

Literatur

Knoten

Colin C. Adams, *Das Knotenbuch. Einführung in die mathematische Theorie der Knoten*, Spektrum Akademischer Verlag, Heidelberg 1995

Clifford W. Ashley, *Das Ashley-Buch der Knoten*, Edition Maritim, Hamburg 1999 (6. Auflage)

Geoffrey Budworth, *Knoten*, Könemann, Köln 1998

Charles Livingstone, *Knotentheorie für Einsteiger*, Vieweg, Braunschweig und Wiesbaden 1995

Des Pawson, *Das BLV Knoten-Handbuch*, BLV, München 1998

Krawattenknoten

Anonymous, *Neckclothitania; or, Tietania*, J. J. Stockdale, London 1818

H. Le Blanc (Pseudonym), *The Art of Tying the Cravat*, Effingham Wilson, London 1828

Thomas M. A. Fink und Yong Mao, »Designing Tie Knots by Random Walks«, *Nature* 398 (1999), S. 31

Thomas M. A. Fink und Yong Mao, »A Mathematical Theory of Tie Knots«, *Physica A*

Davide Mosconi und Riccardo Villarosa, *Fliegen und Krawatten. Die verbindliche Kunst des feinen Knotens*, DuMont, Köln 1985

Krawatten

François Chaille, *The Book of Ties*, Flammarion, Paris 1996

Doriece Colle, *Collars, Stocks, Cravats*, Rodale Press, Emmaus, PA, 1972

Roseann Ettinger, *20th Century Neckties*, Schiffer, Atglen, PA, 1998

Sarah Gibbings, *The Tie*, Studio, London 1990

Avril Hart, *Ties*, Victoria & Albert Museum, London 1998
A. Varron, »Neckties«, *Ciba Review*, Bd. 38 (1941), S. 1361

Männermode

Hardy Amies, *The Englishman's Suit*, Quartet, London 1994
A Cavalry Officer, *The Whole Art of Dress*, Effingham Wilson, London 1830
Farid Chenoune, *A History of Man's Fashion*, Flammarion, New York 1993
Willet Cunnington und Phillis Cunnington, *Handbook of English Costume in the 19th Century*, Faber and Faber, London 1959
Alan Flusser, *Style and the Man*, Villard, New York 1988
Clare Jerrold, *The Beaux and the Dandies*, Stanley Paul & Co., London 1910
James Laver, *Dandies*, Weidenfeld and Nicolson, London 1968
The »Major« of To-Day, *Clothes and the Man*, Grant Richards, London 1900
Alan Mansfield und Phillis Cunnington, *Handbook of English Costume in the 20th Century, 1900 – 1950*, Faber and Faber, London 1973
John Peacock, *Männermode – das Bildhandbuch*, Verlag Paul Haupt, Bern 1996
O. E. Schoeffler und W. Gale, *Esquire's Encyclopedia of 20th Century Men's Fashion*, McGraw-Hill, New York 1973

Bildnachweis

AKG, London: 15; BFJ Stills Posters and Designs, London: 134; Jean-Loup Charmet, Paris: 20; Mary Evans Picture Library, London: 16, 19, 26, 62; Ronald Grant Archive, London: 67, 74, 78, 95, 96, 100, 106, 114; Hulton Getty Images/Central Press, London: 121; National Gallery, London: 12; National Portrait Gallery, London: 34, 126; Privatsammlungen: 21, 24, 27 (Foto Bridgeman Art Library), 30, 35, 66, 80, 130; © Man Ray Trust/ADAGP, Paris, und DACS, London 1999. *Punch* 1853: 42; Rex Features, London: 71; Roger-Viollet, Paris: 25, 33; Franklin D. Roosevelt Library, USA: 83; University of Cambridge, Cavendish Laboratory: Vorsatzpapier, 37; Vin Mag Archive, London: 40.